104 berühmte ungarische Kochrezepte

Das Buch wurde geplant von:
LÁSZLÓ MAROSI

Die Rezepte wurden zusammengestellt von:
Meisterkoch ISTVÁN LUKÁCS,
Oscar-Preisträger,
Chefkoch des HOTELS ATRIUM HYATT

Photos:
SÁNDOR BAUER,
ANTAL WORMSER

Aus dem Ungarischen von:
GYÖRGYI R. KERESZTÉNY
Redaktion der Übersetzung:
MONIKA MAGYAR

STATT EINES VORWORTES

Ganz bestimmt wird jeder unter den Rezepten für Vorspeisen, Suppen, Fleisch-, Fisch- und Eintopfgerichte, Beilagen, Kuchen und Süssspeisen etwas nach seinem Geschmack finden. Es sind darunter auch Speisen, deren Zutaten (Zander, Forelle, Gänseleber) in der Beschaffung nicht billig sind, darum schlagen wir diese für festliche Gelegenheiten, wie Hochzeit, Geburtstag, Weihnachten oder etwa Silberhochzeit vor.
Von einer Unterweisung in grundsätzlichen Handgriffen der Kochkunst wird abgesehen, gewisse Erfahrungen im Kochen werden vorausgesetzt.
Die Rezepte gelten immer für 10 Personen, so wird es keinem schwerfallen, die angegebenen Mengen nach Bedarf zu velkleinern oder zu vergrössern. Eine Hilfe beim Anrichten der Speisen bieten die Farbphotos.
Wir würden uns freuen, wenn dieses Kochbuch zu einem unkompliziert handzuhabenden Zubehör Ihrer Küche wird. Den Liebhabern der Kochkunst viel Vergnügen beim Zubereiten und ihren Gästen einen guten Appetit wünscht.

der Redakteur
ELISABETH MAROSI

2	kg	Hühnerfleisch
250	g	geputzte Möhren
100	g	geputzte Petersilienwurzeln
60	g	geputzter Sellerie
60	g	geputzter Kohlrabi
100	g	geputzte Champignons
60	g	geputzte Zwiebeln
200	g	geputzter Blumenkohl
100	g	enthülste frische grüne Erbsen
1		Knoblauchzehe
1		grüne Paprikaschote
1		Tomate
1/2		Bund Petersilie
		Salz, ganz Pfeffer, Ingwer

Das geputzte und gewaschene Huhn wird in 8 Teile geschnitten (Leber und Magen werden mitverbraucht) und in kaltem Wasser zum Kochen gebracht. Nach dem Aufkochen abschäumen, salzen. Eine Gewürztüte bereiten aus folgenden Gewürzen: Ganzer Pfeffer, Ingwer, Knoblauch, Zwiebeln. (Die Gewürztüte mit einem Band an den Griff des Topfes befestigen.) Wenn das Huhn halb gar ist, Suppengemüse, gewaschene Pilze, in kleine Blumen zerlegten Blumenkohl, grüne Erbsen, Paprikaschote, Tomate und Petersilie hineingeben. Bei mässigem Feuer kochen lassen. Wenn das Huhn gar ist, aus der Suppe nehmen, in kaltem Wasser abkühlen, entknochen, die Haut entfernen und das Fleisch in Streifen schneiden. Die Hühnerfleischsuppe vom Feuer nehmen und etwa 10 Minuten ruhen lassen. Mit einem kleinlöchrigen Sieb durchsieben. Die gargekochten Möhren, Wurzeln und Pilze in dünne Scheiben schneiden. Serviervorschlag: Das in dünne Scheiben geschnittene Hühnerfleisch, das Suppengemüse, den zerlegten Blumenkohl, die Erbsen, Pilze und extra gekochte hausgemachte Fadennudeln bzw. Erdbeerblattnudeln oder Schneckennudeln in die Suppentasse geben. Mit der heissen Fleischbrühe zugiessen, mit feingeschnittener Petersilie bestreuen. Die Hühnersuppe auf Újházy-Art kann auch in der Suppenschüssel serviert werden. (In diesem Fall das Huhn nicht entknochen, sondern nur in kleinere Teile schneiden, Tomatensosse oder geriebenen Meerrettich in Essig dazugeben.)

HÜHNERSUPPE AUF ÚJHÁZY-ART

800	g	Lammschulter (mageres Fleisch)
100	g	Fett
400	g	geputzte Zwiebeln
500	g	geputzte Rosa-Kartoffeln
500	g	geputzte grüne Bohnen
1		Knoblauchzehe
1		Lorbeerblatt
1/2		Bund Petersilie
1/2	l	saure Sahne
0,3	l	weisser Tischwein
2	l	Knochenbrühe
1		Zitrone
		Salz, Kalocsaer Edelsüss-Paprika, Kümmel, Paprikakrem „Rotes Gold", Mehl

Lammschulter in kleine Würfel schneiden, dann gründlich waschen. Feingehackte Zwiebeln in Fett goldgelb bräunen. Pürierten Knoblauch, den Kümmel und eine Messerspitze Paprikakrem hinzugeben und mit Kalocsaer edelsüssem Gewürzpaprika bestreuen. Das in Würfel geschnittene Lammfleisch darauflegen, salzen und zugedeckt 30 Minuten schmoren. Von Zeit zu Zeit ein wenig Knochenbrühe dazugeben. Inzwischen die Rosa-Kartoffeln in kleine Würfel schneiden. Grüne Bohnen in 3 cm lange Stücke schneiden und beiseite legen. Wenn das Fleisch halb gar ist, die in Würfel geschnittenen Rosa-Kartoffeln und die grünen Bohnen dazugeben und mit Knochenbrühe aufgiessen. Salzen, mit einem Lorbeerblatt würzen und bei kleiner Flamme fertiggaren. Mit dem mit saurer Sahne angerührten Mehl die Suppe binden. Mit feingehackter Petersilie bestreuen.
Mit weissem Tischwein und Zitronensaft abschmecken.
Mit hausgemachten Fleckerln servieren. (Fleckerl: kleines viereckiges Stück Nudelteig.)

PALOCZSUPPE

1	kg	Rindsbein
100	g	Fett
300	g	geputzte Zwiebeln
700	g	Rosa-Kartoffeln
2		Knoblauchzehen
2		grüne Paprikaschoten
1		Tomate
1/2		Bund Schnittling
1		Bund frisches Selleriegrün
2,5	l	Knochenbrühe
10		Portionen hausgemachte Fleckerln
		Salz, scharfer Kalocsaer Gewürzpaprika, Kümmel

Rindsbein von den Sehnen befreien, dann in winzige Würfel (1×1 cm) schneiden, gründlich waschen, beiseite legen. Feingehackte Zwiebeln im Fett goldgelb bräunen, pürierten Knoblauch und Kümmel dazugeben. Mit scharfem Kalocsaer Gewürzpaprika bestreuen. Das gewaschene, in Würfel geschnittene Rindsbein dazugeben, salzen und bei offener Flamme anbraten (wie das Rinderpörkölt).

Zeitweilig ein wenig Knochenbrühe zugeben, dann zugedeckt weiter schmoren. Rosa-Kartoffeln schälen, gut waschen, in kleine Würfel schneiden (ähnlich wie das Rindsbein). Wenn das Rindfleisch gar ist, die Rosa-Kartoffeln und die in Würfel geschnittenen grünen Paprikaschoten, die Tomate sowie das Bund Selleriegrün zugeben. Mit Knochenbrühe aufgiessen und gar kochen. Hausgemachte Fleckerln dazugeben, heiss servieren. Vor dem Servieren das Selleriegrün entfernen, mit feingehacktem Schnittling bestreuen.

KESSELGULASCH

2	kg	Schweinekamm (mit Knochen)
250	g	geputzte Möhren
100	g	geputzte Wurzeln
100	g	geputzter Blumenkohl
60	g	geputzter Sellerie
60	g	geputzter Kohlrabi
60	g	geputzte Zwiebeln
50	g	geputzte Champignons
1		grüne Paprikaschote
1		Tomate
1		Knoblauchzehe
1/2		Bund Schnittling
		Salz, ganzer Pfeffer, Ingwer, Safran, Muskatnuss

Schweinekamm in kaltem Wasser gründlich waschen, in einem Topf entsprechender Grösse in kaltem Wasser zum Kochen ansetzen. Wenn die Suppe zu sieden beginnt, abschäumen, eine Gewürztüte bereiten (ganzer Pfeffer, Ingwer, Safran, Muskatnuss, Knoblauch, Schnittling), sie mit einem Band an den Griff des Topfes befestigen. Bei kleiner Flamme kochen lassen. Beginnt der Schweinekamm weich zu werden, das Gemüse (Möhren, Wurzeln, Sellerie, Kohlrabi, Blumenkohl, Zwiebeln) dazugeben. Dann die grüne Paprikaschote, die Tomate und die gründlich gewaschenen Champignons zugeben. Die Suppe erneut mit Salz abschmecken und bei mässigem Feuer gar kochen. Wenn die Suppe fertig ist, den Kamm herausnehmen, in kaltem Wasser abkühlen, entknochen und in kleine Stücke schneiden. Die Suppe 15 Minuten lang ruhen lassen, dann fein durchsieben. Das mitgegarte Gemüse in kleine Stücke schneiden. Serviervorschlag: Das in kleine Stücke geschnittene Kammfleisch und das Gemüse in die Suppenschüssel geben und mit heisser Rippchensuppe aufgiessen. Als Einlage hausgemachte Erdbeerblattnudeln, Schneckennudeln oder Fadennudeln reichen.

RIPPCHENSUPPE

1	kg	Vecséser Sauerkraut
100	g	Fett
150	g	Mehl
100	g	geputzte Zwiebeln
400	g	Debreczener Würstchen
150	g	geräucherter Kolozsvárer Speck
500	g	knochiges geräuchertes Eisbein
2		Knoblauchzehen
1/2	l	saure Sahne
		Salz, Kümmel, Kalocsaer scharfer Gewürzpaprika, Tomatenpüree „Goldener Fasan", frischer Dill, Paprikakrem „Rotes Gold"

Sauerkraut in kaltem Wasser mindestens zweimal gut durchwaschen, in kaltem Wasser aufstellen, Debreczener Würstchen (10 Minuten kochen, herausnehmen, beiseite stellen), geräuchertes Eisbein und den in kleine Würfel geschnittenen Kolozsvárer Speck dazugeben. Salzen und gar kochen. Eine semmelblonde würzige Einbrenne bereiten, den feingehackten Kümmel, Knoblauch, Tomatenpüree „Goldener Fasan" und Kalocsaer scharfen Gewürzpaprika dazugeben. (Knoblauch und Kümmel mit ein wenig Paprikakrem am Messer schneiden, so zerfallen sie nicht.)
Die Suppe einbrennen. Das Debreczener Würstchen in Scheiben schneiden, das geräucherte Eisbein entknochen, in kleine Würfel schneiden und in Suppe zurücktun. Saure Sahne dazugeben, das Ganze bei mittlerem Feuer kochen, die Oberfläche mit feingehacktem Dill bestreuen.

KRAUTSUPPE

500 g	geputzte Kartoffeln
150 g	geräucherter Speck
250 g	Mehl
50 g	Fett
50 g	geputzte Zwiebeln
2	grüne Paprikaschoten
1	Tomate
1/2	Bund Schnittling
	Salz, Kalocsaer Gewürzpaprika

Die in kleine Würfel geschnittenen Kartoffeln in Salzwasser halb gar kochen. Aus Mehl und Ei einen harten Teig kneten, dünn ausrollen und trocknen lassen, bis er brüchig wird. Wenn der Teig trocken ist, in kleine Stücke brechen, in Fett rösten und beiseite stellen. Den Speck, in kleine Würfel geschnitten, anbraten, die feingehackten Zwiebeln dazugeben. Den angebratenen Speck mit Kalocsaer Gewürzpaprika bestreuen, die in Würfel geschnittenen feinen Paprikaschoten und die Tomate dazugeben. Das Ganze mit dem gerösteten Teig zu den halb gar gekochten Kartoffeln geben und gar kochen. Noch während des Knochens abschmecken und wenn nötig, nachwürzen. Beim Servieren mit feingehacktem Schnittling bestreuen.

FLECKERLSUPPE

400 g	bunte Trockenbohnen
150 g	geputzte Möhren
100 g	geputzte Petersilienwurzeln
100 g	geputzter Sellerie
50 g	geputzte Zwiebeln
100 g	Fett
100 g	Mehl
500 g	Debreczener Würstchen
500 g	Eisbein
2	Knoblauchzehen
1	Lorbeerblatt
1	Bund Petersilie
0,6 l	saure Sahne
2 l	Knochenbrühe
	Salz, Kalocsaer Gewürzpaprika, Essig

Die zum Kochen vorbereiteten Trockenbohnen gut waschen und einen Tag vor dem Kochen einweichen. Am nächsten Tag erneut waschen, in der Knochenbrühe zum Kochen ansetzen. Das geräucherte Eisbein, die Debreczener Würstchen und das Lorbeerblatt zugeben. (Die Debreczener Würstchen nach etwa 10 Minuten langem Kochen herausnehmen, beiseite legen.) Wenn die Bohnen beginnen weich zu werden, das in Würfel geschnittene Suppengemüse dazugeben. Auf mässigem Feuer bei gleichbleibender Temperatur kochen. Wenn das geräucherte Eisbein gar ist, aus der Suppe nehmen und die Bohnensuppe mit heller gewürzter Einbrenne (Fett, Mehl, feingehackte Zwiebeln, Knoblauch, Kalocsaer Gewürzpaprika) einbrennen. Saure Sahne dazugeben, mit wenig Essig würzen und gut bei mittlerer Temperatur kochen. Wenn nötig, salzen. Das geräucherte Eisbein entknochen, in kleine Würfel schneiden, die Debreczener Würstchen in Scheiben schneiden und in die kochende Bohnensuppe geben. Mit hausgemachten Fleckerln heiss servieren.

BOHNENSUPPE AUF JÓKAI-ART

500	g	geputzte Champignons
60	g	geputzte Zwiebeln
100	g	Fett
100	g	Mehl
1		Bund Petersilie
1/2	l	saure Sahne
2	l	Knochenbrühe
10		Portionen hausgemachte Fleckerln
		Salz, Kalocsaer edelsüsser Gewürzpaprika, gemahlener Pfeffer

Die in Scheiben geschnittenen Pilze in Knochenbrühe kochen, salzen. Eine helle Einbrenne bereiten, feingehackte Zwiebeln, Petersilie, Gewürzpaprika und gemahlenen Pfeffer dazugeben. Die Suppe einbrennen, die saure Sahne dazugeben. Bei mittlerem Feuer kochen. Beim Servieren hausgemachte Fleckerln dazugeben. Die Pilzsuppe kann man auch anders zubereiten: Feingehackte Zwiebeln in Fett anbraten, die in Scheiben geschnittenen Pilze dazugeben, mit feingehackter Petersilie bestreuen, salzen, mit Pfeffer würzen, mit Knochenbrühe aufgiessen und hell einbrennen. Saure Sahne dazugeben. Bei mittlerem Feuer kochen.

UNGARISCHE PILZSUPPE

300 g	geräucherter Kolozsvárer Speck
200 g	angeräucherte Wurst
100 g	Fett
500 g	Nelkenschwindlinge oder Steinpilze
100 g	Mehl
50 g	geputzte Zwiebeln
5 dl	saure Sahne
2 l	Knochenbrühe
1	Lorbeerblatt
1	Bund Schnittling
	Salz, gemahlener Pfeffer, Salbeiblätter, frischer Thymian, Kalocsaer Gewürzpaprika

Den geräucherten Kolozsvárer Speck in kleine Würfel schneiden und anbraten. Den Speck aus dem Fett nehmen, beiseite legen. Im ausgebratenen Fett die gewaschenen, in Scheiben geschnittenen Nelkenschwindlinge oder Steinpilze dünsten, salzen und unter ständigem Umrühren mit dem gemahlenen Pfeffer, feingehacktem Salbeiblatt, Thymian, Lorbeerblatt würzen. Nach 15 Minuten mit Knochenbrühe aufgiessen, den angebratenen Kolozsvárer Speck dazugeben, aufkochen und einbrennen. (Die Einbrenne nicht nur aus Fett und Mehl bereiten, sondern auch feingehackte Zwiebeln und eine Messerspitze Kalocsaer Gewürzpaprika dazugeben.)
Die in Scheiben geschnittene angeräucherte Wurst und die saure Sahne dazugeben und gar kochen. Als Einlage Fleischtascherln oder Fleischklösse geben.
Fleischtascherln: Aus Mehl, Ei und Salz zwei Blatt Teig ausrollen und folgende Füllung hineingeben: Feingehacktes Schweine- oder Kalbfleisch in Butter zusammen mit feingehackten Zwiebeln anbraten, mit Salz, Muskatnuss, feingehackter Petersilie würzen. Etwa 10 Minuten lang braten, dann in eine Schüssel geben und mit 2 Eiweiss zusammenkneten. Auf das eine Blatt des ausgerollten Teiges in gleichen Abständen jeweils einen Mokkalöffel Füllung legen, mit dem anderen Teigblatt bedecken, mit einer Form ausstechen und in siedendem Salzwasser auskochen.

BAKONYER BETJARENSUPPE

3	kg	Gänsefleisch
250	g	geputzte Möhren
100	g	geputzte Wurzeln
100	g	geputzte Champignons
100	g	geputzter Wirsingkohl
60	g	geputzter Sellerie
60	g	geputzter Kohlrabi
60	g	geputzte Zwiebeln
1		Porree
1		grüne Paprikaschote
1		Tomate
1		Knoblauchzehe
1/2		Bund Petersilie
		Salz, ganzer Pfeffer, Ingwer, Safran

Die geputzte Gans in kaltem Wasser gründlich waschen und in 8 gleiche Teile schneiden (Leber und Magen mitverwenden). In einem Topf entsprechender Grösse, in kaltem Wasser ansetzen. Wenn die Suppe aufkocht, abschäumen, salzen, eine Gewürztüte aus ganzem Pfeffer, Ingwer, Safran und Knoblauch bereiten und sie mit einem Band am Topf befestigen. Wenn das Fleisch halb gar ist, das Gemüse, Kohlrabi, Sellerie, Zwiebeln, Wirsingkohl, Pilze, die Paprikaschote, die Tomate sowie Porree und Petersilie im Bukett dazugeben. Bei mässigem Feuer 2 1/2—3 Stunden lang kochen. Wenn das Gänsefleisch gar ist, aus der Suppe herausnehmen, in kaltem Wasser abkühlen. Die Suppe 10 Minuten lang ruhen lassen, dann fein durchsieben. Das mitgegarte Gemüse in kleine Stücke schneiden. Das geschnittene Gemüse, die Pilze und das enthäutete, entknochte, in kleine Stücke geschnittene Gänsefleisch in die Suppenschüssel geben. Mit der heissen Suppe aufgiessen, als Einlage hausgemachte Erdbeerblattnudeln, Schneckennudeln oder Fadennudeln geben.

GÄNSESUPPE

1,4	kg	Gänseleber (I. Klasse)
800	g	Gänseschwarte
100	g	geputzte Zwiebeln
1		Knoblauchzehe
1		grüne Paprikaschote
1		Tomate
1		Jonathanapfel
1		Lorbeerblatt
		Salz, ganzer Pfeffer, gemahlener Dost

Von der Gänseleber die Haut entfernen, die Galle und den grünen Teil um die Galle entfernen, in kaltem Wasser gut waschen und mit einem sauberen Tuch abtrocknen. Salzen, mit gemahlenem Dost würzen, dann in den Kühlschrank legen. Die Gänseschwarte waschen, in grössere Stücke schneiden und in einem Topf mit wenig Wasser anbraten. Geschnittene Zwiebeln und Knoblauch dazugeben, dann ausbraten. Die vorbereitete Gänseleber aus dem Kühlschrank nehmen, in einen Topf geben, dann das Fett der angebratenen Schwarte daraufsieben, Lorbeerblatt, ganzen Pfeffer, den gewaschenen und geschnittenen Jonathanapfel, die grüne Paprikaschote und die Tomate dazugeben. Im Backofen bei gleichbleibender Temperatur braten. Wenn die Gänseleber ausgebraten ist, sie mit einem flachen Bratenheber aus ihrem Fett nehmen und abkühlen lassen. Ihr Fett fein durchsieben. Wenn die Leber abgekühlt ist, mit dem Fett aufgiessen und in den Kühlschrank stellen. Mit knusprig gebratenen Makóer Zwiebeln servieren. Man kann eine entschärfte grüne Paprikaschote und eine Tomate dazugeben.

KALTE GÄNSELEBER IN EIGENEM FETT AUF MAKÓER ART

1	kg	Hühnerleber
2	kg	Jonathanäpfel
300	g	Mayonnaisensosse
2		Köpfe Salat
200	g	Schlagsahne
2		Zitronen
10		Wachteleier
1/2		Bund Estragon
1/2		Bund Petersilie
		Salz, Puderzucker, Chayenne-Pfeffer, Ketchup, Worcestersosse, Weisswein „Tokajer Szamorodni“

Die Hühnerleber säubern, das Herz entfernen, mit kochendem Salzwasser abbrühen, dann mit kaltem Wasser abkühlen. Die grösseren Hühnerleberstücke beiseite legen, die anderen durch ein feines Sieb drücken. In einen rostfreien Schaumkessel Mayonnaisensosse geben, die durchgedrückte Hühnerleber, die frisch geschlagene Sahne, die feingehackte Petersilie und Estragon dazugeben. Mit Zitrone, Puderzucker und Chayenne-Pfeffer würzen, mit einem Schaumschläger glatt rühren und dabei mit Worcestersosse, Ketchup und Tokajer Szamorodni abschmekken. Die fertige Sosse in den Kühlschrank stellen. 10 Sekt- oder Cocktailgläser mit in Scheiben geschnittenen Salatblättern auslegen, die geschälten und in Würfel geschnittenen Äpfel, die in Würfel geschnittene Hühnerleber darauflegen und das Ganze mit der abgekühlten Hühnerlebersosse glasieren.
Mit Estragonblättern und gekochten Wachteleiern sowie mit Zitronenscheiben schmücken.

HÜHNERLEBER-COCKTAIL

60	St.	Zalaer Ragoutkrebse
1	kg	gekochte Hühnerbrust
1,5	kg	frische Tomaten
1,5	kg	gekochter Riesenspargel
20	g	Mayonnaisensosse
200	g	Schlagsahne
5		Köpfe Salat
3		Zitronen
5		gekochte Eier
1/2		Bund frischer Estragon
1/2		Bund Petersilie
		Salz, Puderzucker, Chayenne-Pfeffer, Apfelessig, gemahlener Dost, Kümmel, Worcestersosse

Die Krebse gut waschen, mit Petersilie, Kümmel in mässig salzigem Wasser kochen, dann abkühlen und säubern. Aus dem Schwanzteil und der Schere das Fleisch herausnehmen. Die gekochte Hühnerbrust enthäuten und entbeinen, die eine Hälfte beiseite legen, die andere in kleine Stücke schneiden. Die frischen Tomaten waschen und in Stücke schneiden. Den Salat waschen, die schönen Blätter weglegen, die anderen in gleichgrosse Stücke reissen. Die Mayonnaisensosse mit feingehacktem Estragon, Petersilie, Chayenne-Pfeffer, Zitrone, Apfelessig und gemahlenem Dost würzen.
Vom Krebsfleisch einige schöne Scheren und Schwänze zum Schmücken weglegen, das Übrige zum Salat geben. Das zerschnittene Hühnerfleisch, einen Teil des gekochten Spargels, die in Stücke geschnittenen Tomaten und die in Stücke gerissenen Salatblätter dazugeben.
Das Ganze mit gewürzter Mayonnaisensosse umrühren und beim Umrühren die Schlagsahne dazugeben. Abschmecken und wenn nötig, mit Zucker, Zitrone, Worcestersosse nachwürzen. Den umgerührten Salat für 1 1/2—2 Stunden in den Kühlschrank stellen.
Serviervorschlag: Auf den Boden einer vorgekühlten Glasschüssel ein schönes grünes Salatblatt legen, darauf den fertigen Salat anhäufen, mit gekochtem Krebsfleisch, gekochtem Spargel sowie mit in dünne Scheiben geschnittener Hühnerbrust und in Scheiben geschnittenen gekochten Eiern schmücken.

SALAT AUF CSEKONITS-ART

1	kg	hausgemachter, geräucherter Kochschinken
600	g	gebratene Gänseleber
600	g	französischer Salat
300	g	Aspik
300	g	Porree
100	g	Butter
2		Köpfe Salat
3		gekochte Eier
2		grüne Paprikaschoten
2		Tomaten
0,15	l	Kognak
		Salz, gemahlener Pfeffer

Den gekochten und geräucherten Schinken mit einer Schneidemaschine in dünne Scheiben schneiden und auf eine Platte entsprechender Grösse legen. Die gebratene Gänseleber und die Butter durch ein Sieb drücken, in eine Schüssel geben, mit wenig Salz, gemahlenem Pfeffer und mit Kognak abschmecken. Mit einem Schaumschläger glatt rühren. Die Schinkenscheiben mit Gänseleberpüree bestreichen und zusammenrollen, an die Enden der Rollen aus Gänseleberpüree Sterne drücken. Die Rollen mit geschmolzenem und abgekühltem Aspik glasieren. Auf Französischem Salat als Grundlage servieren, mit gekochten Eiern, entschärften geputzten Paprikaschoten, Tomaten, geschnittenem Porree und gerissenen Salatblättern schmücken.

UNGARISCHER SCHINKEN, GEFÜLLT MIT GÄNSELEBERPÜREE

3		Portionen mit Gänseleber gefüllte Schinkenrouladen
3		Portionen mit Fleischsalat gefüllte Tomaten
200	g	Kolozsvárer Speck
300	g	Gyulaer Wurst
300	g	Picksalami
300	g	Herzsalami
200	g	Butter
20	St.	Radieschen
20		grüne Paprikaschoten
2		Köpfe Salat
20		Tomaten

Das Ungarische Gemischte kann man auf einer runden oder rechteckigen Holz-, Silber- oder Glasplatte servieren. Die Salami, die Gyulaer Wurst, den Kolozsvárer Speck in dünne Scheiben schneiden und auf der Platte geschmackvoll anrichten. Die mit Fleischsalat gefüllten Tomaten und die mit Gänseleber gefüllten Schinkenrouladen auf eine Glasplatte legen. Das Ganze mit in Scheiben oder Stücke geschnittenen Radieschen, mit grünen Paprikaschoten, Tomaten, Salatblättern und Butterrosen schmücken.
Das Ungarische Gemischte kann man portionenweise für eine Person auf einer Holzplatte oder einem Holzteller servieren.

UNGARISCHES GEMISCHTES

20		gesalzene Palatschinken
5		Portionen Paprikahuhn
100	g	Butter
0,3	l	saure Sahne
1		Tomate
1		Paprikaschote
1/2		Bund Petersilie
		Salz, gemahlener Pfeffer

Das fertige Paprikahuhn aus seiner Sosse nehmen, dann entknochen, enthäuten, mit einem Fleischwolf fein pürieren. In einer Pfanne Butter erhitzen, das gekochte, pürierte Geflügelfleisch mit wenig Salz, gemahlenem Pfeffer, feingehackter Petersilie würzen. 10—15 Minuten lang anbraten, dann gleichmässig auf die 20 Palatschinken verteilen. Die Palatschinken zu Rouladen formen, in eine feuerfeste Schüssel geben und mit der Sosse des schon fertigen Paprikahuhns begiessen. Mit entschärften, in Scheiben geschnittenen grünen Paprikaschoten, Tomaten und wenig saurer Sahne schmücken.

HORTOBÁGYER FLEISCHPALAT-SCHINKEN

1	kg	Gänseleber
500	g	Champignons
600	g	Reis
400	g	grüne Erbsen
50	g	geputzte Zwiebeln
200	g	Fett
100	g	Butter
200	g	Trappistenkäse (Hartkäse)
1/2		Bund Petersilie
5	dl	Bratensosse
		Salz, gemahlener weisser Pfeffer, Majoran, gemahlener Dost

Gänseleber in kaltem Wasser waschen und in 1×1 cm grosse Würfel schneiden. Die Pilze gut putzen, waschen und in Würfel schneiden. In einer entsprechenden Pfanne Fett schmelzen, die feingehackten Zwiebeln dazugeben und goldgelb anbraten. Die Gänseleber zusammen mit den Champignons dazugeben und auf starker Flamme braten. Dann den extra gedünsteten Reis und die auf Butter gedünsteten grünen Erbsen dazugeben. Mit Salz, gemahlenem weissem Pfeffer, Majoran und gemahlenem Dost würzen und mit feingehackter Petersilie bestreuen. Zuletzt mit geriebenem Käse bestreuen und bei mässigem Feuer gut zusammenrühren. 10 gleichgrosse Suppentassen mit Butter gut ausfetten, das fertige Gänseleberrisotto in die Tassen geben, dann auf eine feuerfeste Platte stülpen. Die Tassen entfernen, die Oberfläche mit geriebenem Käse und feingehackter Petersilie bestreuen. Mit Bratensosse umgiessen.

GÄNSELEBERRISOTTO

2	kg	ungeschälte Rosa-Kartoffeln
500	g	Wurstkrem
100	g	Butter
200	g	Kaiserspeck
0,3	l	saure Sahne
1/2		Bund Petersilie
		Salz, gemahlener Pfeffer, Kalocsaer Gewürzpaprika

Die ungeschälten Rosa-Kartoffeln in kaltem Wasser gründlich waschen und abtrocknen. Jede Kartoffel in Aluminiumfolie einwickeln und im Backofen bei mittlerer Temperatur gar backen. Dann aus dem Ofen nehmen, die Folie entfernen, die Kartoffeln halbieren. Auf jede Kartoffel einen Wurstkremstern drücken. Die saure Sahne mit wenig Salz und gemahlenem Pfeffer würzen, die Kartoffeln mit der sauren Sahne begiessen, ihre Oberfläche mit in kleine Würfel geschnittenem Kaiserspeck bestreuen und im Ofen etwa 20 Minuten rot backen. Aus dem Ofen nehmen, mit Kalocsaer Gewürzpaprika und feingehackter Petersilie bestreuen, dann servieren.

GEFÜLLTE KARTOFFELN AUF BIHARER ART

1,4	kg	Champignons
600	g	gebratene Gänseleber
100	g	Butter
100		Beschamel
100	g	Mehl
300	g	Semmelbrösel
6		Eier
1		Zitrone
0,2	l	Erlauer Rotwein „Stierblut“
0,1	l	Kognak
1		Kopf Salat
1/2		Bund Petersilie
5		Portionen Risibisi
5		Portionen Pommes frites
7		Portionen Rotweinsosse
		Salz, gemahlener weisser Pfeffer, Muskatnuss, gemahlener Dost

Die Pilzköpfe gleicher Grösse in kaltem Wasser waschen, in Salzwasser mit Zitrone fünf Minuten lang kochen, dann aus dem Wasser nehmen, abtrocken und kalt stellen. Aus der gebratenen Gänseleber mit Butter, Beschamel und Gewürzen Gänseleberpüree bereiten, mit Kognak abschmecken. Die abgekochten und abgekühlten Pilzköpfe mit Mehl, Ei und Semmelbrösel panieren und in heissem Öl hellrot braten. Von den ausgebratenen Pilzköpfen das Öl mit einer Papierserviette bzw. Küchenkrepp abtupfen, in einer vorgewärmten Schüssel mit Risibisi und Pommes frites servieren. Mit Salatblättern, feingehackter Petersilie schmücken, eine mit Erlauer Rotwein gewürzte Sosse dazugeben.

GEFÜLLTE PILZE MIT ERLAUER SOSSE

1	kg	Schweinenieren
600	g	Hirn
300	g	geputzte Zwiebeln
200	g	Schweinefett
1/2		Bund Petersilie
10		Portionen geröstete Kartoffeln
		Salz, gemahlener Pfeffer, Majoran, gemahlener Dost

Die gesäuberte und abgebrühte Schweineniere mit einem sauberen Tuch abtrocknen. (Die Niere muss abgebrüht werden, um den unangenehmen Nierengeruch zu vermeiden.)
Die Niere längs durchschneiden, dann in dünne Scheiben schneiden. Das Hirn von der Haut befreien, waschen und fein hacken. In der Pfanne Fett erhitzen, die feingehackten Zwiebeln dazugeben und anbraten. Dann mit der Niere, Salz, Majoran, gemahlenem Pfeffer, gemahlenem Dost bei grosser Flamme unter ständigem Rühren weich braten. Dann das zerkleinerte Hirn und die feingehackte Petersilie dazugeben und noch weitere 1—2 Minuten lang braten. Vom Feuer nehmen, in einer vorgewärmten Schüssel sofort servieren. In einer anderen Schüssel geröstete Kartoffeln mit Zwiebeln geben, mit feingehackter Petersilie bestreuen. Zu Nieren mit Hirn kann man nach Wunsch auch Kalocsaer Rosa-Paprika geben.

NIEREN MIT HIRN

10	St.	gesäuberte Forellen (durchschnittlich je 200—250 g schwer)
2		Zitronen
20	St.	gekochte Krebsscheren oder Krebsschwänze
10	St.	Wachteleier
5		Tomaten („Lucullus“)
40	g	Gelatine
1		Bund Petersilie
1		Porree
1		Eiweiss
0,3	l	Tokajer Szamorodni
		Salz, gemahlener weisser Pfeffer, Muskatnuss, Puderzucker, Tomatenpüree „Goldener Fasan“

Die Forellen in kaltem Wasser gut waschen, zu Halbkreisen formen.(Mit Nadel und Faden Kopf und Schwanz durchstechen und die Fadenenden so miteinander verknüpfen, dass Kopf und Schwanz sich berühren.) In den Fischkessel geben, dann mit gut ausgekochter Brühe aufgiessen, mit Salz, gemahlenem weissem Pfeffer, geriebener Muskatnuss, Zitrone, ein wenig Puderzucker und Tokajer Szamorodni abschmecken. Einige Minuten kochen, dabei aufpassen, dass die Forellen nicht zerkochen. Wenn die Forellen kalt sind, aus der Kochbrühe nehmen und in den Kühlschrank legen. Die Kochbrühe der Forellen zum Kochen ansetzen, wenig Gelatine zugeben, mit Eiweiss und Tomatenpüree klären, mit einem Filtertuch durchsieben. Die gekochten Forellen aus dem Kühlschrank nehmen und in eine tiefe Porzellan- oder Silberschüssel legen. Mit Wachteleiern, gekochten Krebsscheren, Krebsschwänzen, Porree, Lucullustomaten und Petersilie schmücken und mit der mit Tokajer abgeschmeckten Sülze begiessen.

FORELLEN AUF TOKAJER ART IN SÜLZE

1		gesäuberter Zander (2,5—3 kg)
300	g	Zanderfleisch
200	g	geschälte Mandeln
200	g	geputzte Zwiebeln
600	g	geputzte Möhren
400	g	geputzte Petersilienwurzeln
400	g	Aspik
200	g	Schlagsahne
20	St.	gekochte Krebsscheren und Krebsschwänze
3		Eier
1/2		Bund Petersilie
100	g	Pistazienkerne
2		Zitronen
2		Lorbeerblätter
1/2		Bund frischer Estragon
10	g	grauer russischer Kaviar
		Salz, gemahlener weisser Pfeffer, ganzer Pfeffer, Muskatnuss, Wachteleier, Salatblätter

Den Zander in reichlichem kaltem Wasser waschen, mit einem scharfen Messer den Rücken (vom Kopf bis zum Schwanz) aufschneiden und die Rückengräte mit den Eingeweiden zusammen entfernen. Die Bauchhöhle gut mit kaltem Wasser auswaschen und abtrocknen.Das Zanderfleisch fein hacken, in eine Rührschüssel geben, Schlagsahne, in kleine Stücke geschnittene, geschälte Mandeln, geschälte Pistazienkerne und die gekochten Krebsschwänze und Krebsscheren zugeben. Leicht umrühren, die aufgeschlagenen Eier zugeben. Mit Salz, Pfeffer, gemahlener Muskatnuss und feingehackter Petersilie abschmecken. Die Füllung in die Bauchhöhle des Zanders geben, mit Zwirn zunähen, dann in Cellophanpapier einwickeln. Den so vorbereiteten Zander in eine mit Suppengemüse, Lorbeerblättern, Zwiebeln, Zitrone, Estragon und ganzem Pfeffer gewürzte Kochbrühe geben, etwa 1,5—2 Stunden lang bei mässigem Feuer gar kochen. Mit gekochtem Krebsfleisch, Kaviar, Wachteleiern und Salatblättern schmücken. Mit geschmolzenem, abgekühltem Aspik glasieren. Dazu Tartaren- oder Sherrysosse servieren.

BALATONER GEFÜLLTER ZANDER, KALT

1	kg	Zalaer Krebsfleisch
300	g	Mayonnaise
200	g	Schlagsahne
5		gekochte Eier
1		Zitrone
1		Kopf grüner Salat
1/2		Bund Petersilie
1/2		Bund frischer Dill
		Salz, Muskatnuss, Puderzucker, Senf, Worcestersosse, Ketchup, Kognak

Die Mayonnaise in eine Rührschüssel geben, mit Puderzucker, Senf, Zitrone, feingehacktem Dill und Petersilie abschmecken. Gut zusammenrühren, das Krebsfleisch und die in kleine Würfel geschnittenen gekochten Eier zugeben. Leicht zusammenrühren, mit Salz, Kognak, Ketchup, Worcestersosse und ein wenig geriebener Muskatnuss abschmecken, dann in den Kühlschrank stellen.
In einer vorgekühlten Glas- oder Porzellanschüssel servieren. Mit gerissenen Salatblättern, aufgeschnittenen gekochten Eiern und frischem Dill schmücken. Krebssosse dazu geben. (Krebssosse: in die Mayonnaise Krebsöl, Kognak und Schlagsahne rühren.)

ZALAER KREBSSALAT

600	g	gekochtes Zanderfilet
600	g	gekochtes Karpfenfilet
400	g	gekochtes Welsfilet
50	g	Porree
5		grüne Paprikaschoten
5		Tomaten
1		Kopf Salat
0,1	l	Öl
0,1	l	Apfelessig
1		Bund Schnittling
		Salz, gemahlener Pfeffer, Tomatenpaprikakrem „Vitaprix“,
50	g	geputzte Zwiebeln

Die gekochten Fische in kleinere Stücke zerbröckeln, die entschärften Paprikaschoten in kleine Würfel schneiden. Die Tomaten abbrühen, abhäuten, halbieren, die Kerne entfernen, dann in Würfel schneiden. Öl, Apfelessig, Salz, gemahlenen Pfeffer, Vitaprix, die feingehackten Zwiebeln und den feingehackten Schnittling sowie den haardünn geschnittenen Porree in eine Rührschüssel geben. Leicht umrühren, die zerbröckelten gekochten Fischstücke sowie die in Würfel geschnittenen grünen Paprikaschoten und die Tomaten zugeben. Mit Vitaprix abschmecken. Bis zum Anrichten in den Kühlschrank stellen. In einer vorgekühlten Glasschüssel servieren, mit gerissenen Salatblättern schmücken.

SZEGEDINER FISCHSALAT

10	St.	gesäuberte Hechtbarsche (durchschnittlich je 350—400 g schwer)
0,4	l	Öl
3		Zitronen
1		Salatblatt
1/2		Bund Petersilie
5		Portionen Tartarensosse
10		Portionen Kartoffeln mit Petersilie und Butter
		Salz, Semmelbrösel

Die gesäuberten Hechtbarsche abschuppen, in kaltem Wasser gut waschen, mit einem sauberen Tuch abtrocknen. Die beiden Seiten der Hechtbarsche in Abständen von 1 cm einschneiden und salzen. (So wird das Fischfleisch gleichmässig durchgebraten.) In einer Pfanne Öl erhitzen, die Hechtbarsche in fein durchgesiebtem Semmelbrösel panieren und beide Seiten knusprig rot braten. Auf einer vorgewärmten Fischplatte servieren, mit dem Salatblatt und den Zitronen schmücken.
Geformte Kartoffeln mit Petersilie und Butter (siehe Bild) und Tartarensosse dazu geben.

BALATONER HECHTBARSCH IM GANZEN

1,8	kg	Zanderfilet im Stück
100	g	geputzte Zwiebeln
600	g	Champignons
300	g	Butter
0,5	l	saure Sahne
0,2	l	Schlagsahne
0,2	l	weisser Tischwein
1		grüne Paprikaschote
1/2		Bund Petersilie
		Salz, Kalocsaer Rosa-Gewürzpaprika, Mehl

Das Zanderfilet in kaltem Wasser gründlich waschen und mit einem sauberen Tuch abtrocknen. In zehn gleichgrosse Scheiben scheiden, salzen, dann in eine mit Butter ausgestrichene Pfanne nebeneinander legen. Mit Weisswein begiessen, dann in den Kühlschrank stellen. In einem rostfreien Topf Butter erhitzen, die feingehackten Zwiebeln darin anbraten, mit Kalocsaer Rosa-Gewürzpaprika bestreuen, mit Fischbrühe aufgiessen, salzen und aufkochen. Die gründlich gewaschenen und in Würfel geschnittenen Champignons, die entschärften, in Würfel geschnittenen grünen Paprikaschoten dazugeben und zugedeckt gar kochen. Die saure Sahne, das Mehl und die Schlagsahne mit dem Schaumschläger glatt rühren und die Paprikasosse mit Champignons damit binden. Die Sosse bei mittlerem Feuer kochen, ein wenig Butter dazugeben, vom Feuer nehmen, dann beiseite stellen.
Die Zanderfilets in den Backofen legen, in 20—25 Minuten gar braten. Die Fische aus der Bratensosse nehmen, auf eine Fischplatte legen, die Paprikasosse mit Champignons darübergiessen. Die Oberfläche mit sauer Sahne und feingehackter Petersilie schmücken. Als Beilage geformte Kartoffeln mit Butter oder Nockerln geben.

ZANDERFILET AUF BAKONYER ART

1,8	kg	Karpfenfleisch
2,5	kg	Rosa-Kartoffeln
300	g	geräucherter Brotspeck
200	g	Fett
250	g	geputzte Zwiebeln
5		grüne Paprikaschoten
5		Tomaten
0,8	l	saure Sahne
1/2		Bund Petersilie
		Salz, Kalocsaer Gewürzpaprika

Die vorbereiteten Karpfenfilets einschneiden und mit geräucherten Speckstreifen bespicken.
Die Kartoffeln in der Schale kochen, dann in Scheiben schneiden. Eine Pfanne mit Fett ausstreichen, die in Scheiben geschnittenen gekochten Kartoffeln hineingeben, die vorgebratenen Fischfilets darauflegen. Auf die Fischfilets die in dünne Scheiben geschnittenen Tomaten, die entschärften Paprikaschoten und die in sehr dünne Scheiben gehackten Zwiebeln geben, mit Kalocsaer Gewürzpaprika bestreuen, das Ganze mit saurer Sahne reichlich begiessen und im Backofen gar braten. Nach dem Braten sofort servieren, mit knusprig gebratenem, in Gewürzpaprika gewälztem Hahnenkammspeck schmücken. Zum Zubereiten des Serbischen Karpfens können auch Fischmilch und Fischrogen mitverbraucht werden. Die Oberfläche mit saurer Sahne und auch mit feingehackter Petersilie schmücken.

KARPFEN AUF SERBISCHE ART

1,8	kg	Karpfenfleisch
300	g	geräucherter Brotspeck
200	g	Fett
500	g	Champignons
100	g	geputzte Zwiebeln
600	g	mit 8 Eiern zubereitete hausgemachte Fleckerln
100	g	Semmelbrösel
100	g	Butter
1		grüne Paprikaschote
1		Tomate
0,7	l	saure Sahne
1/2		Bund Petersilie
		Salz, Kalocsaer Rosa-Gewürzpaprika

Den Karpfen in kaltem Wasser gründlich waschen, mit einem sauberen Tuch abtrocknen, salzen, mit Speck bespicken, in Semmelbrösel wälzen, dann bis zum Verbrauch beiseite legen. In einem rostfreien Topf Butter erhitzen, die feingehackten Zwiebeln dazugeben, anbraten, mit Kalocsaer Rosa-Gewürzpaprika bestreuen, mit Fischbrühe aufgiessen, salzen und bis zum Eindicken kochen. Die gewaschenen, in Würfel geschnittenen Pilze, die entschärfte grüne Paprikaschote, die Tomate und die saure Sahne dazugeben, bis zum Eindicken kochen, dann bis zum Verbrauch beiseite stellen. Die hausgemachten Fleckerln in kochendem Salzwasser auskochen, abkühlen, mit wenig Fett begiessen, dann in eine feuerfeste flache Schüssel geben. Die vorbereiteten Karpfenfilets in wenig Fett knusprig braten, auf die fertigen Fleckerln geben, dann mit der Paprikasosse und den Champignons übergiessen. Zehn Minuten lang im Backofen schön rot backen, heiss servieren.
Mit saurer Sahne und feingehackter Petersilie anrichten.

MÜLLERKARPFEN AUS DOROZSMA

2,5	kg	gesäuberter Aal
200	g	Schweinefett
250	g	geputzte Zwiebeln
2		fleischige grüne Paprikaschoten
1		Tomate
1		Knoblauchzehe
		Salz, Kalocsaer Rosa-Gewürzpaprika

Den Aal in kaltem Wasser gründlich waschen, dann in gleichgrosse Stücke schneiden. In Fett die feingehackten Zwiebeln anbraten, den pürierten Knoblauch und den Kalocsaer Gewürzpaprika dazugeben, mit wenig kaltem Wasser aufgiessen und solange schmoren, bis die Flüssigkeit verdunstet ist. Die gewaschenen, entschärften und in Würfel geschnittenen grünen Paprikaschoten, die Tomate und die Aalstücke dazugeben, salzen, bei grosser Flamme 20 Minuten lang kochen.
In einer vorgewärmten Schüssel servieren. Als Beilage hausgemachte, gerissene Topfenfleckerln mit Quark und Grieben geben.

AALGULASCH MIT TOPFENFLECKERLN

4	kg	frischer Karpfen und Innereien
400	g	geputzte Makóer Zwiebeln
2		fleischige grüne Paprikaschoten
1		Tomate
1		Kirschpaprikaschote
		Salz, Kalocsaer Rosa-Gewürzpaprika, Tomatenmark „Goldener Fasan“

Den Karpfen abschuppen, säubern, die Fischmilch und den Fischrogen beiseite legen. Den Kopf und den Schwanz des Karpfens abschneiden und aus dem Fischkopf den Bitterzahn entfernen. Das Fischfleisch vom Karpfenrumpf mit einem scharfen Messer abtrennen, dann denselben zerhacken. Das Fischfleisch in gleichgrosse Würfel schneiden, salzen, eine Messerspitze Tomatenmark einrühren, mit wenig Kalocsaer Rosa-Gewürzpaprika bestreuen und in den Kühlschrank stellen. Den Fischkopf, den Schwanz und die Gräten mit den in Scheiben geschnittenen Zwiebeln, den in Scheiben geschnittenen grünen Paprikaschoten und der Tomate sowie nach Geschmack mit der Kirschpaprikaschote in einen rostfreien Topf geben.
Mit kaltem Wasser aufgiessen und bei grossem Feuer zu kochen beginnen. Vor dem Aufkochen mit Kalocsaer Rosa-Gewürzpaprika und Salz abschmecken und bei grossem Feuer 15—20 Minuten lang garen. Nach dem Kochen die Fischsuppe durchsieben, die Fischgräten nicht drücken. Das vorbereitete, in Würfel geschnittene Fischfleisch, den Fischrogen und die Milch in die fertige Fischbrühe geben, 15—20 Minuten lang bei grosser Flamme kochen, dann sofort servieren. Man kann die Fischsuppe auch von anderen Fischen zubereiten, z.B. Wels, Hecht und Zwergwels gemischt, sogar auch Plötze.
In bestimmten Gebieten werden als Einlage ausgekochte Fadennudeln serviert.

FISCHSUPPE

5		Broiler (durchschnittlich je 550—600 g)
100	g	Mehl
500	g	Semmelbrösel
400	g	Öl
6		Eier
2		Bund Petersilie
		Salz

Dazu ganz junge, diesjährige Hähnchen verwenden. Die Broiler säubern, waschen, mit einem sauberen Tuch abtrocknen und in gleichgrosse Stücke schneiden. Die Stücke salzen, auch Magen und Leber verwenden (unter die Flügel stecken).
Die vorbereiteten Broiler in Mehl, den gut geschlagenen Eiern und Semmelbrösel panieren. In einer Pfanne Öl erhitzen und die panierten Stücke im heissen Öl schön rot braten. Beim Braten darauf achten, dass auch die grösseren und knochigen Stücke gut durchbraten, aber dabei nicht austrocknen, damit sie von innen saftig bleiben. Die Petersilie im Wasser waschen, auf einem sauberen Tuch abtrocknen, mit wenig Mehl bestreuen, knusprig braten. Die Backhähnchen auf einer vorgewärmten Silberplatte mit frisch gerösteten Pommes frites und panierter Petersilie servieren. Dazu noch extra Gurkensalat mit saurer Sahne geben. Man kann auch noch geschälte und eisgekühlte saure Gurken bzw. der Saison entsprechendes frisches Obst dazu geben.

BACKHÄHNCHEN MIT PETERSILIE UND GURKENSALAT

5		Hähnchen (durchschnittlich je 700—800 g)
200	g	Fett
200	g	geputzte Makóer Zwiebeln
50	g	Butter
1/2	l	saure Sahne
0,3	l	Schlagsahne
2		fleischige Paprikaschoten
2		Tomaten
1		EL Mehl, Salz, Kalocsaer Edelsüss-Gewürzpaprika

Die Hähnchen in kaltem Wasser gründlich waschen und vierteln. In einem rostfreien Topf die feingehackten Zwiebeln in Fett goldgelb bräunen, mit Kalocsaer Edelsüss-Gewürzpaprika bestreuen, mit wenig Wasser verrühren, aufgiessen und braten, bis die Flüssigkeit verdunstet ist.
Dann die Hähnchenstücke in den Topf geben, zugedeckt schmoren, inzwischen die in Stücke geschnittenen fleischigen Paprikaschoten und die Tomaten dazugeben. Beim Zubereiten des Paprikahähnchens darauf achten, dass es in wenig Flüssigkeit schmort. Manchmal umrühren, aber vorsichtig, damit die Stücke nicht auseinanderfallen. Wenn das Fleisch gar ist, aus dem Saft nehmen. Die saure Sahne mit einem Esslöffel Mehl glatt rühren, zum Saft des Paprikahähnchens giessen, unter ständigem Rühren aufkochen lassen, inzwischen die Schlagsahne dazugeben. Die aufgekochte Sosse vom Feuer nehmen, fein durchsieben, erneut aufkochen, 50 g Butter hineinbröckeln und das entbeinte Hähnchenfleisch erneut in die Sosse geben. In einer feuerfesten oder englischen Schüssel aus rostfreiem Stahl servieren. Die Oberfläche mit saurer Sahne, in dünne Scheiben geschnittenen fleischigen Paprikaschoten und Tomaten schmükken. Als Beilage hausgemachte Eiernockerln geben.
Das Paprikahähnchen gehört zu den vorzüglichsten Speisen der ungarischen Küche.

PAPRIKAHÄHNCHEN

5		Hähnchen (durchschnittlich je 1 kg)
100	g	Fett
200	g	Butter
400	g	Hühnerleber
400	g	Champignons
300	g	englischer Speck
50	g	geputzte Zwiebeln
5		Brötchen
5		Eier
1		Bund Petersilie
1		geputzte Möhre
1		geputzte Petersilienwurzel
1		Jonathanapfel
1,5	l	Wein „Zöldszilváni“
0,4	l	Milch
		Salz, gemahlener Pfeffer, gemahlener Dost, Muskatnuss, Majoran, Basilikum

Die Haut des gewaschenen ganzen Hähnchens auf der Brust auflockern, innen salzen, mit wenig gemahlenem Pfeffer, Majoran, Basilikum einreiben, dann beiseite legen. Die Brötchen von der Kruste befreien, in Milch einweichen, dann auspressen.
Den in dünne Würfel geschnittenen geräucherten Speck ausbraten, die feingehackten Zwiebeln dazugeben, dann goldgelb bräunen. Die gewaschene, in Würfel geschnittene Leber und die Champignons dazugeben, mit feingehackter Petersilie bestreuen, mit Salz, gemahlenem Pfeffer, geriebener Muskatnuss sowie mit gemahlenem Dost würzen.
Etwa 10 Minuten lang bei grosser Hitze braten, dann vom Feuer nehmen und beiseite stellen.
In einen Topf Butter geben, die aufgeschlagenen Eier dazugeben, dann mit einem Schaumschläger locker glatt rühren.
Die in Milch eingeweichten und ausgepressten Brötchen, die gebratene Hühnerleber und die Pilze dazugeben. Die ganze Füllung leicht zusammenrühren, in einen Schaumbeutel geben und unter die Haut des schon vorbereiteten Hähnchens füllen. Die Hähnchen hübsch geformt auf einem Backblech anordnen. In einer Pfanne das Schweinefett erhitzen, die Hähnchen damit beträufeln, einen gewaschenen Jonathanapfel, eine geputzte Zwiebel von Nussgrösse, die in Scheiben geschnittene, geputzte Möhre und die Petersilienwurzel dazugeben. Den Weisswein dazugiessen, dann im Backofen 1,5—2 Stunden lang unter ständigem Begiessen schön rot braten. Aus dem Herd nehmen, aufschneiden, mit dem Bratensaft begiessen und servieren.
Als Beilage frisch bereitete Pommes frites oder Kartoffelpüree und Kompott geben.

GEFÜLLTES HÄHNCHEN AUF GÖDÖLLŐER ART

3		Enten (insgesamt 6 kg)
400	g	geputzte Makóer Zwiebeln
200	g	Schweinefett
600	g	hausgemachte Eiergerste (aus Nudelteig) aus 8 Eiern
1		Knoblauchzehe
3		fleischige grüne Paprikaschoten
2		Tomaten
1/2		Bund Petersilie
		Salz, Kalocsaer edelsüsser Gewürzpaprika

Die Enten säubern, vierteln, dann achteln, in kaltem Wasser gründlich waschen. In einem Topf Fett erhitzen, darin die feingehackten Zwiebeln goldgelb bräunen. Den pürierten Knoblauch dazugeben, dann mit Kalocsaer edelsüssem Gewürzpaprika bestreuen, mit wenig Wasser aufgiessen, solange braten, bis die Flüssigkeit verdunstet ist. Die Entenstücke auf die Zwiebeln legen, salzen, und bei grossem Feuer schmoren. Wenn die Flüssigkeit verdunstet ist, ein wenig Wasser dazugeben und zugedeckt, von Zeit zu Zeit umrührend weiter schmoren.
Die hausgemachte Eiergerste in Fett rösten, salzen, mit heissem Wasser aufgiessen und halb schmoren. Wenn die Enten beginnen weich zu werden, die halb geschmorte Eiergerste, die entschärften und in Würfel geschnittenen grünen Paprikaschoten und die Tomaten dazugeben und zugedeckt im Backofen gar schmoren. Wenn sie gar sind, in eine feuerfeste Schüssel geben, mit feingehackter Petersilie bestreuen und servieren.

ENTE MIT EIERGERSTE AUF SZENTESER ART

3		Enten (insgesamt 6 kg)
150	g	Fett
1		geputzte Zwiebel
1		Knoblauchzehe
2		Jonathanäpfel
0,2	l	Soproner Kékfrankos
1		geputzte Möhre
1		geputzte Petersilienwurzel
2		Bund Petersilie
10		Portionen geröstete Kartoffeln mit Zwiebeln
		Salz, gemahlener Pfeffer, Majoran, gemahlener Dost, gemahlenes Basilikum

Die Enten im Ganzen säubern, in reichlich kaltem Wasser gründlich waschen, das Fett entfernen. Die vorbereiteten Enten aussen und innen gründlich salzen, innen mit gemahlenem Pfeffer, Majoran, gemahlenem Dost und Basilikum würzen. Die Enten mit den geviertelten Äpfeln, der Zwiebel, wenig Knoblauch und Petersilienblättern füllen. Dann die Enten mit der in Scheiben geschnittenen gewaschenen Möhre und Petersilienwurzel in eine Pfanne geben, den Rotwein dazugiessen, mit zerlaufenem Fett begiessen und im Backofen knusprig braten. Dabei die Enten öfter mit ihrem eigenen Fett begiessen.
Als Beilage Bratkartoffeln geben. Zubereitung: Die in der Schale gekochten Kartoffeln abpellen, mit einem Reibeisen reiben, in Fett mit Zwiebeln rösten, dann mit Salz und Pfeffer würzen, mit feingehackter Petersilie bestreuen und von beiden Seiten rot braten.
Beim Servieren die Enten mit dem Bratensaft begiessen.

KNUSPRIGER ENTENBRATEN MIT BRATKARTOFFELN

1		gemästete Gans (ungefähr 8 kg)
1		geputzte Zwiebel
1		Quittenapfel
1		Zitrone
2	kg	Dörrpflaumen
1		geputzte Möhre
1		geputzte Petersilienwurzel
0,2	l	Soproner Kékfrankos
1		Knoblauchzehe
		Majoran, gemahlener Pfeffer, Salz, gemahlener Dost, Basilikum, Puderzucker, ganzer Zimt, Gewürznelken

Die Gans säubern, die Federkiele entfernen, gut waschen. Aussen und innen gründlich salzen, innen mit Majoran, gemahlenem Pfeffer, gemahlenem Dost, Basilikum würzen, ein wenig Knoblauch, Zwiebeln, den gewaschenen und geviertelten Quittenapfel sowie Petersilie hineintun. Die vorbereitete Gans in eine Pfanne geben, die in Scheiben geschnittene, gewaschene Möhre und Petersilienwurzel dazugeben, ein wenig Wasser zugiessen, dann im Backofen unter ständigem Begiessen etwa 3 Stunden lang gleichmässig rot, knusprig braten. Bleibt kein Saft übrig, ihn mit wenig Wasser oder Knochenbrühe ersetzen. Die gebratene Gans in gleichgrosse Stücke schneiden, mit dem eigenen Saft begiessen und mit in Rotwein gedünsteten Pflaumen servieren. Als Beilage geröstete Kartoffeln mit Zwiebeln oder in Sekt gedünstetes Rotkraut geben.

Pflaumen in Rotwein:

Die gewaschenen Dörrpflaumen mit wenig Zucker, Zitrone, Nelken und Zimt im Rotwein, zugedeckt, etwa 15—20 Minuten lang dünsten.

Die so zubereiteten Pflaumen können entweder kalt oder im Bratensaft erwärmt serviert werden.

GÄNSEBRATEN MIT PFLAUMEN IN WEIN

3	kg	junge Putenbrüste
400	g	Gänseleber
200	g	Fett
100	g	Butter
100	g	geputzte Zwiebeln
2		grüne Paprikaschoten
2		Tomaten
100	g	Mehl
0,3	l	Schlagsahne
1/2	l	saure Sahne
2		Bund frischer Dill
		Salz, Kalocsaer Edelsüss-Gewürzpaprika

Die jungen Putenbrüste vom Knochen abtrennen, enthäuten, mit einem scharfen Messer aufstechen. Die Gänseleber in Scheiben schneiden, mit Salz und Pfeffer würzen, in Mehl panieren und in wenig Butter braten. Die gebratene Gänseleber in die aufgestochenen Putenbrüste füllen und die Öffnung mit einer Fleischnadel schliessen. Die Putenbrüste salzen, in Mehl panieren und in wenig Fett von allen Seiten anbraten. In einem Topf die feingehackten Zwiebeln in Fett anbraten, mit Kalocsaer edelsüssem Gewürzpaprika bestreuen, mit Knochenbrühe aufgiessen, dann die vorgebratenen Putenbrüste, die in Stücke geschnittenen grünen Paprikaschoten und die Tomaten dazugeben. Salzen, zugedeckt gar dünsten. (Die zerkleinerten Putenbrustknochen können mitgegart werden.)
Wenn die Putenbrüste gar sind, herausnehmen und den Saft mit saurer Sahne, Schlagsahne und Mehl binden. Bei mässigem Feuer kochen, dann fein durchsieben. In Butter angebratenen, feingehackten frischen Dill in die Sosse geben und die aufgeschnittenen Putenbrüste mit der Sosse begiessen, so servieren. Als Beilage hausgemachte Fadennudeln mit Butter, in Butter gedünstetes Risibisi oder mit Basilikum gewürzte Karotten geben. Die Oberfläche mit wenig saurer Sahne und feingehacktem frischem Dill garnieren.

KISKŐRÖSER GEFÜLLTE PUTE

1,6	kg	Gänseleber
1	kg	Jonathanäpfel
250	g	Butter
0,2	l	Tokajer Szamorodni
1/2		Bund Petersilie
		Salz, Mehl

Die Gänseleber säubern, den von der Galle grünen Teil entfernen, gut in kaltem Wasser waschen, mit einem sauberen Tuch abtrocknen, dann in gleichgrosse Scheiben schneiden.
Die Gänseleberstücke nicht ausklopfen, sondern mit der Messerfläche gleichförmig gestalten. Salzen, die beiden Seiten in Mehl panieren. In einer rostfreien Pfanne Butter erhitzen, dann die Gänseleber von beiden Seiten schön rot braten, dabei darauf achten, dass die Gänseleber nicht zerfällt (deshalb erfordert das Braten viel Vorsicht).
Die fertige Gänseleber aus dem Fett nehmen, im zurückgebliebenen Fett die ausgekernten Apfelscheiben braten. Die Apfelscheiben aus dem Fett nehmen, das fett mit Tokajer Szamorodni aufgiessen, mit feingehackter Petersilie abschmecken, dann einkochen lassen. Bis zum Anrichten beiseite stellen.
Serviervorschlag:
Die auf dem Rost gebratenen Gänseleberscheiben in eine vorgewärmte feuerfeste Schüssel geben, auf jede ein auf dem Rost gebratenes Apfelstück legen und mit der Tokajer Szamorodni-Sosse begiessen. Als Beilage Pommes frites, Risibisi oder Kartoffelpüree geben.

AUF DEM ROST GEBRATENE GÄNSELEBER MIT BRATÄPFELN

2	kg	Gänsebrüste
400	g	Kalbfleisch
250	g	Fett
3		Brötchen
3		Eier
0,3	l	Milch
1		geputzte Zwiebel
1		Knoblauchzehe
1		Bund Petersilie
1		geputzte Möhre
1		geputzte Petersilienwurzel
1		Alexanderbirne
10		Portionen Linsenpüree
		Salz, gemahlener Pfeffer, Majoran, gemahlener Dost, gemahlenes Basilikum

Die Gänsebrust vom Knochen abtrennen, enthäuten, das Brustbein beiseite legen. Das abgetrennte Gänsefleisch waschen, in kleine Stücke schneiden. Mit dem Fleischwolf das Gänsefleisch, das Kalbfleisch und die in Milch eingeweichten ausgepressten Brötchen pürieren.

Das Fleisch mit den aufgeschlagenen Eiern in die Rührschüssel geben, das Ganze leicht umrühren. Mit Salz, gemahlenem Pfeffer, Majoran, gemahlenem Dost und gemahlenem Basilikum abschmecken. In Fett geröstete feingehackte Zwiebeln, pürierten Knoblauch und feingehackte Petersilie dazugeben. Die ganze Füllung gründlich zusammenkneten, abschmecken und wenn nötig, nachwürzen. Dann die gehackte Gänsefleischfüllung auf dem Brustbein anordnen, zu einer Gänsebrust formen. In eine Pfanne geben, mit verschlagenem Ei bestreichen, mit zerlaufenem Fett begiessen, die in Scheiben geschnittenen Möhren und Petersilienwurzeln sowie die gewaschene, in Scheiben geschnittene Birne dazugeben. Ein wenig Knochenbrühe zugiessen, im Backofen 1—1 $1/2$ Stunden lang unter ständigem Begiessen schön rot braten. Als Beilage Linsenpüree, Kartoffelpüree oder in Butter gedünstetes, der Saison entsprechendes Gemüse geben.

Linsenpüree:

Die Linsen aussortieren, in kaltem Wasser einweichen, dann in einer Brühe mit Zwiebeln, Lorbeerblättern und einem geräucherten Knochen gar kochen. Wenn die Linsen gar sind, den Knochen entfernen, mit einer Knoblaucheinbrenne binden, mit Salz und wenig Senf abschmecken, dann unter Zugabe von saurer Sahne durchsieben. Das Linsenpüree extra servieren, eventuell mit knusprig gebratenem Kaiserspeck garnieren.

GÄNSEBRUSTHACK-BRATEN MIT LINSENPÜREE

2	kg	Hühnerleber
300	g	geputzte Zwiebeln
250	g	Schweinefett
3		grüne Paprikaschoten
2		Tomaten
1/2		Bund Petersilie
		Salz, gemahlener Pfeffer, Majoran, Kalocsaer Rosa-Gewürzpaprika

Die Hühnerleber vom Herz trennen, das Herz beiseite legen, die Leber in kaltem Wasser waschen und in grössere Stücke schneiden. In einer Pfanne die in Scheiben geschnittenen Zwiebeln in Fett goldgelb bräunen, die entschärften und in Scheiben geschnittenen grünen Paprikaschoten und die Tomaten dazugeben, bei grossem Feuer dünsten, dann die Hühnerleberstücke dazugeben. Mit Salz, gemahlenem Pfeffer, Majoran abschmekken, zuletzt mit Kalocsaer Rosa-Gewürzpaprika bestreuen. Mit wenig Knochenbrühe (oder Wasser) aufgiessen, bei grosser Flamme gar braten. Als Beilage Petersilienkartoffeln, geröstete Kartoffeln, gedünsteten Reis oder eventuell hausgemachte Eiergerste geben. Die Batschkaer Hühnerleber immer frisch zubereiten. Die Oberfläche mit in Scheiben geschnittenen Paprikaschoten und Tomaten garnieren.

BATSCHKAER HÜHNERLEBER

1,6	kg	Lendenstück
500		Kalbsknochen
200	g	Fett
150	g	Öl
200	g	geräucherter Speck
250	g	Gänseleber
200	g	Pilze (Champignons)
200	g	geputzte Zwiebeln
200	g	grüne Erbsen
3		fleischige Paprikaschoten
3		Tomaten
1	l	Knochenbrühe
1/2		Bund Petersilie
10		Portionen im Ganzen gebackene Kartoffeln
		Salz, gemahlener Pfeffer, Kalocsaer Gewürzpaprika, Senf

Die feingehackten Zwiebeln in Fett goldgelb bräunen, mit Kalocsaer halbsüssem Gewürzpaprika bestreuen, mit Knochenbrühe aufgiessen und einige Minuten lang kochen. Den zerhackten Kalbsknochen in kaltem Wasser waschen und in die Gulaschbrühe geben. 35—40 Minuten lang kochen, dann die Knochenstücke herausnehmen und die Gulaschbrühe fein durchsieben. Den geräucherten Speck in kleine Stücke schneiden, in eine Pfanne geben und durchbraten.
Die gewaschenen, in Würfel geschnittenen, fleischigen Paprikaschoten und die Tomaten dazugeben. Salzen, kurz anbraten, dann mit der Gulaschbrühe aufgiessen und das Ganze gut zusammenrühren. Das Lendenstück in gleichgrosse Scheiben schneiden, mit Salz und Pfeffer würzen, mit wenig Senf bestreichen. In einer Pfanne Öl erhitzen, die vorbereiteten Lendenscheiben von beiden Seiten schön rot braten, darauf achten, dass sie in der Mitte rosarot bleiben. Die gebratenen Lendenscheiben auf eine vorgewärmte Platte geben, mit dem Ragout begiessen, in Butter gedünstete grüne Erbsen daraufgeben. Als Beilage frisch gebackene Kartoffeln im Ganzen oder Röstkartoffeln geben.
Mit feingehackter Petersilie, in Scheiben geschnittenen grünen Paprikaschoten und Tomaten garnieren.

TOURNEDOS AUF BUDAPESTER ART

1,6	kg	Lendenstück
250	g	Schweinefett
250	g	geputzte Zwiebeln
1	kg	fleischige Paprikaschoten
400	g	Tomaten
1		Knoblauchzehe
1/2		Bund Petersilie
1	l	Knochenbrühe
10		Portionen geröstete Kartoffeln
		Salz, Kalocsaer Edelsüss-Gewürzpaprika, gemahlener Pfeffer

Das vorbereitete Lendenstück in so viele Scheibchen schneiden, dass zu jeder Portion etwa 5—6 Scheibchen gerechnet werden können. Mit Salz und Pfeffer würzen, dann in den Kühlschrank legen. Die feingehackten Zwiebeln im Fett hell anbraten, den pürierten Knoblauch dazugeben, mit Kalocsaer edelsüssem Gewürzpaprika bestreuen, mit ein wenig Knochenbrühe aufgiessen und zugedeckt einkochen lassen. Salzen, die entschärften, in Würfel geschnittenen grünen Paprikaschoten und die Tomaten dazugeben und in 20 Minuten gar kochen. In einer Pfanne Fett erhitzen und darin die vorbereiteten Lendenscheibchen braten. Die Scheibchen aus dem Fett nehmen, im gleichen Fett die in Scheiben geschnittenen gekochten Kartoffeln bei grossem Feuer unter ständigem Wenden rösten. Mit Salz und feingehackter Petersilie abschmecken, die gebratenen Lendenscheibchen, das fertige Letscho (Paprika und Tomaten) dazugeben, leicht umrühren, bei starker Flamme kurz aufkochen, dann in eine feuerfeste Schüssel geben. Die Oberfläche mit in Scheiben geschnittenen grünen Paprikaschoten, Tomaten und feingehackter Petersilie garnieren.

UNGARISCHE LENDENSCHEIBCHEN

1,6	kg	Rindrouladenfleisch
250	g	Schweinefett
400	g	geputzte Zwiebeln
250	g	geräucherter Speck
50	g	Mehl
10		Eier
10		fleischige Paprikaschoten
5		Tomaten
0,7	l	saure Sahne
0,3	l	Schlagsahne
1		Knoblauchzehe
1		Bund Petersilie
		Salz, gemahlener Pfeffer, Kalocsaer Gewürzpaprika

Aus dem Rouladenfleisch 10 gleichgrosse Scheiben schneiden, dünn ausklopfen, aber darauf achten, dass sie nicht löchrig werden. Mit Salz und wenig gemahlenem Pfeffer würzen. Den in kleine Würfel geschnittenen, geräucherten Speck in einer Pfanne halb durchbraten, die feingehackten Zwiebeln, die entschärften, in Würfel geschnittenen grünen Paprikaschoten und die Tomaten dazugeben. Salzen, bei grossem Feuer unter ständigem Rühren braten. Dann die aufgeschlagenen Eier dazugeben und daraus ein Omelett mit Letscho bereiten. Mit diesem Omelett die vorbereiteten Scheiben füllen, aufrollen und mit einem dünnen Bindfaden zubinden. (Man kann sie auch in Aluminiumfolie einwickeln.)
Die gefüllten Rouladen in Mehl panieren und in heissem Fett von allen Seiten vorbraten, dann in einen Topf geben. In dem ausgebratenen Fett die feingehackten Zwiebeln anbraten, den pürierten Knoblauch dazugeben, mit Kalocsaer Gewürzpaprika bestreuen und mit Knochenbrühe aufgiessen. Salzen und damit die Rouladen begiessen. Zugedeckt, in wenig Saft schmoren lassen. Wenn sie halb gar sind, in Würfel geschnittene grüne Paprikaschoten und Tomaten dazugeben, dann gar schmoren.
Die geschmorten Rouladen aus der Brühe nehmen, den Bindfaden oder die Folie entfernen. Die Rouladensosse mit saurer Sahne, Mehl und Schlagsahne binden, bei mittlerem Feuer kochen, fein durchsieben. Die zubereiteten Rouladen in Scheibchen schneiden, in eine vorgewärmte Schüssel geben, dann mit der fertigen Sosse übergiessen. Als Beilage Nockerln mit Butter geben. Die Oberfläche mit feingehackter Petersilie garnieren.

GEFÜLLTE ROULADEN AUF CSÁKY-ART

1,6	kg	schieres Rindfleisch
200	g	Fett
100	g	Butter
100	g	geputzte Zwiebeln
250	g	geputzte Möhren
250	g	geputzte Petersilienwurzeln
100	g	Mehl
2		Zitronen
0,3	l	Weisswein „Zöldszilváni"
0,7	l	saure Sahne
1,5	l	Knochenbrühe
		Salz, gemahlener Pfeffer, Lorbeerblätter, Zucker, Senf, Petersilie

Das in Scheiben geschnittene Rindfleisch ausklopfen, salzen, in Mehl panieren und von beiden Seiten anbraten. Die angebratenen Scheiben aus dem Fett nehmen, in einen Topf geben, zudekken. Zum ausgebratenen Fett ein wenig Butter geben, dann mit Mehl hell anbraten. Mit den feingehackten Zwiebeln weiter braten, mit Knochenbrühe und Weisswein aufgiessen. Mit Salz, Lorbeerblättern, gemahlenem Pfeffer abschmecken, aufkochen und die Rostbratenscheiben damit begiessen. Zugedeckt bei mittlerem Feuer schmoren. Ist keine Saft mehr, ihn mit wenig Knochenbrühe oder Weisswein ersetzen. Das Gemüse in dünne Streifen schneiden, mit wenig Salz und Pfeffer würzen und mit den feingehackten Zwiebeln und der feingehackten Petersilie in Butter halb gar dünsten. Wenn die Scheiben schon fast gar sind, die saure Sahne und das halbgedünstete Gemüse dazugeben, mit gemahlenem Pfeffer, Zucker, Senf, Zitronensaft und mit geriebener Zitronenschale abschmecken. Die Scheiben mit der Sosse bei mittlerem Feuer gar schmoren, aber darauf achten, dass die Rostbratensosse gehaltvoll, kurz, sahnig, d. h. ein wenig pikant wird.
Als Beilage Makkaroni, Spaghetti, gedünsteten Reis oder Petersilienkartoffeln geben. Die Oberfläche mit in Butter gedünstetem, in dünne Streifen geschnittenem Gemüse garnieren.

ROSTBRATEN AUF ESTERHÁZY-ART

1,6	kg	schieres Rindfleisch
350	g	geputzte Zwiebeln
250	g	Schweinefett
300	g	grüne Erbsen
50	g	Butter
100	g	Mehl
2	kg	geschälte Kartoffeln
1		Knoblauchzehe
5		grüne Paprikaschoten
3		Tomaten
5		Eier
1/2		Bund Petersilie
1	l	Knochenbrühe
		Salz, Kalocsaer halbsüsser Gewürzpaprika, Kümmel

Das Rindfleisch in 10 gleichgrosse Scheiben schneiden, salzen, von beiden Seiten in Mehl panieren, im heissen Fett vorbraten, in einen flachen Topf geben, zudecken. Feingehackte Zwiebeln in Fett halb anbraten, den feingehackten Knoblauch und Kümmel dazugeben, mit Kalocsaer halbsüssem Gewürzpaprika bestreuen, mit wenig Knochenbrühe aufgiessen, aufkochen und sie zu den Scheiben im Topf tun. Zugedeckt, bei mittlerem Feuer schmoren. Wenn das Fleisch schon fast gar ist, die Scheiben in der einen Hälfte des Topfes anordnen, in die andere Hälfte die in Scheiben geschnittenen Kartoffeln geben. Die entschärften, in Würfel geschnittenen grünen Paprikaschoten und die Tomaten dazugeben, dann mit so viel Knochenbrühe aufgiessen, dass die Kartoffeln gerade bedeckt sind. Salzen, zugedeckt das Ganze gar schmoren. Die Eier hart kochen, die grünen Erbsen in Butter dünsten. Die Scheiben mit den Kartoffeln in eine vorgewärmt Schüssel geben, die Oberfläche mit gekochten in Schneiben geschnittenen Eiern, in Butter gedünsteten grünen Erbsen und feingehackter Petersilie garnieren.

CASINO-ROSTBRATEN

1,6	kg	schieres Rindfleisch
250	g	Schweinefett
350	g	geputzte Zwiebeln
100	g	Mehl
5		grüne Paprikaschoten
3		Tomaten
1		Knoblauchzehe
1	l	Knochenbrühe
10		Portionen Griessnockerln
		Salz, Kalocsaer Gewürzpaprika, Kümmel, Petersilie

Die ausgeklopften Rostbratenschnitzel salzen, in Mehl panieren und in heissem Fett beide Seiten anbraten, dann in einem Topf kreisförmig anordnen und zudecken. In dem Bratfett die feingehackten Zwiebeln glasig dünsten, feingehackten Knoblauch und Kümmel dazugeben, mit Kalocsaer halbsüssem Gewürzpaprika bestreuen, mit wenig Knochenbrühe aufgiessen, salzen und zu den Schnitzeln giessen. Zugedeckt, in wenig Saft, bei mittlerem Feuer schmoren. Wenn der Rostbraten halb geschmort ist, die entschärften grünen Paprikaschoten und die Tomaten dazugeben und mitgaren. Ist der Saft während des Schmorens verkocht, kann man ihn mit wenig Knochenbrühe ersetzen. Während des Schmorens die Schnitzel nicht wenden, lieber den Topf von Zeit zu Zeit schütteln, damit sie nicht zerfallen. Der Schmorsaft sollte eine gehaltvolle, gute Gulaschsosse sein. Die geschmorten Rostbratenscheiben in eine vorgewärmte Schüssel geben, auf jede Scheibe ein Griessnockerl geben, mit der Gulaschsosse übergiessen und mit feingehackter Petersilie garnieren.

HORTOBÁGYER ROSTBRATEN

1,6	kg	Lendenstück
150	g	Fett
100	g	Butter
250	g	Champignons
300	g	Gänseleber
500	g	grüne Bohnen (dünn)
500	g	Spargel
200	g	geputzte Zwiebeln
0,3	l	Worcestersosse
0,3	l	Soproner „Kékfrankos“
1/2		Bund Petersilie
1/2		Bund Schnittling
		Salz, gemahlener Pfeffer

Das geschmorte Lendenfleisch nach Gundel immer frisch zubereiten.
Das Lendenstück in bleistiftdicke Scheiben schneiden, salzen und in den Kühlschrank legen. Die Gänseleber ebenfalls in bleistiftdicke Scheiben schneiden, mit Salz und Pfeffer würzen und ebenfalls in den Kühlschrank legen. Die Champignons in kaltem Wasser gründlich waschen, in Würfel schneiden, dann beiseite legen. In einer grösseren Pfanne Fett erhitzen und die feingehackten Zwiebeln goldgelb bräunen. Die vorbereiteten Lendenstückscheiben dazugeben, bei starkem Feuer schnell braten, dann die Gänseleberscheiben und zuletzt die in Würfel geschnittenen Pilze dazugeben.
Mit Salz, Pfeffer und feingehackter Petersilie würzen. Bei starker Flamme weiter braten, dann die Worcestersosse und den Rotwein dazugiessen. Den Spargel und die Bohnen in Butter dünsten, dann mit dem fertig geschmorten Fleisch zusammenrühren. Als Beilage Kartoffeln mit Butter, gedünsteten Reis oder Kartoffelpuffer geben.
Das geschmorte Fleisch in eine vorgewärmte Schüssel geben, die Gänseleber, die Pilze, den Spargel und die Bohnen darauf gleichmässig verteilen. Das Ganze mit feingehacktem Schnittling bestreuen.

GESCHMORTES LENDENBRATEN NACH GUNDEL

1,6	kg	Rindfleisch vom Bein
250	g	Fett
400	g	geputzte Zwiebeln
2	kg	geputzte Rosa-Kartoffeln
2		Knoblauchzehen
3		fleischige Paprikaschoten
3		Tomaten
1/2		Bund Schnittling
1	l	Knochenbrühe
		Salz, Kirschpaprikaschoten, Kalocsaer Rosa-Gewürzpaprika, Kümmel

Das gewaschene Fleisch in grössere Würfel schneiden. In einem Topf die feingehackten Zwiebeln in Fett glasig dünsten, dann mit feingehacktem Knoblauch und Kümmel würzen. Mit Kalocsaer scharfem Rosa-Gewürzpaprika bestreuen, mit wenig Knochenbrühe aufgiessen, dann braten, bis die Flüssigkeit verdunstet ist. Die Fleischwürfel in den Topf geben, salzen, von Zeit zu Zeit umrühren, schmoren, bis der Saft verdunstet ist, dann mit wenig Knochenbrühe aufgiessen, zudecken und bei starker Flamme weiter schmoren. Wenn das Fleisch beginnt gar zu werden, die in Scheiben geschnittenen grünen Paprikaschoten, die Tomaten, die Kirschpaprikaschote und die gewaschenen, in Scheiben geschnittenen Rosa-Kartoffeln dazugeben. Etwa 15—20 Minuten lang schmoren, dann mit wenig Knochenbrühe aufgiessen, zudecken und gar kochen. Das Pusstagulasch kann man auch in einem Kessel auf offenem Feuer bereiten. Es ist sehr wichtig, das Gulasch richtig abzuschmecken, es sollte etwas scharf sein. In einer vorgewärmten feuerfesten Schüssel servieren, mit in Scheiben geschnittenen grünen Paprikaschoten garnieren.

PUSSTAGULASCH

500	g	schieres Rindfleisch vom Bein
500	g	Kalbsschulter (ohne Knochen)
500	g	Schweineschulter (ohne Knochen)
250	g	geräucherter Speck
150	g	Schweinefett
400	g	geputzte Zwiebeln
3		grüne Paprikaschoten
2		Tomaten
0,7	l	saure Sahne
1	l	Knochenbrühe
1/2		Bund Schnittling
10		Portionen Nockerln
		Salz, Kalocsaer Rosa-Gewürzpaprika

Das Rindfleisch, die Kalbsschulter und die Schweineschulter voneinander gesondert in gleichgrosse Würfel schneiden, in kaltem Wasser gut waschen, dann beiseite legen. Den geräucherten Speck in kleine Würfel schneiden, in heissem Fett halb durchbraten. Die feingehackten Zwiebeln dazugeben, dünsten, mit Kalocsaer Rosa-Gewürzpaprika bestreuen, dann mit wenig Knochenbrühe aufgiessen und braten, bis die Flüssigkeit verdunstet ist. Dann das in Würfel geschnittene Rindfleisch dazugeben, salzen, zugedeckt bei mässigem Feuer schmoren. Wenn das Rindfleisch halb gar ist, das Schweinefleisch dazugeben, weiter schmoren, wenn auch das Schweinefleisch beginnt gar zu werden, das Kalbfleisch dazugeben. Unter ständigem Rühren, zugedeckt gar schmoren. Wenn alle drei Fleischsorten gleichmässig gar sind, braten, bis die Flüssigkeit verdunstet ist, die in Scheiben geschnittenen grünen Paprikaschoten und die Tomaten dazugeben und weiter schmoren. Zuletzt die saure Sahne dazugeben und das Ganze bei mittlerem Feuer gut auskochen. Der Saft sollte nicht zu flüssig, gehaltvoll, sahnig und reich an Paprika sein. Die Oberfläche mit in Scheiben geschnittenen grünen Paprikaschoten, Tomaten und mit feingehacktem Schnittling garnieren. Als Beilage hausgemachte Eiernockerln oder Fadennudeln geben.

SCHMORFLEISCH DER SIEBEN STAMMESFÜRSTEN

1,6	kg	schieres Rindfleisch
200	g	Schweinefett
300	g	geputzte Zwiebeln
50	g	Tomatenpüree „Goldener Fasan“
1		Knoblauchzehe
2	kg	geputzter Wirsingkohl
0,3	l	Rotwein „Soproner Kékfrankos“
1	l	Knochenbrühe
1/2		Bund Petersilie
		Salz, gemahlener Pfeffer, Majoran, frischer Estragon, ein wenig Mehl

Die aufgeschnittenen, ausgeklopften Rindfleischschnitzel salzen, in Mehl panieren und in heissem Fett von beiden Seiten anbraten. In einem Topf kreisförmig anordnen und zudecken. In dem ausgebratenen Fett die feingehackten Zwiebeln dünsten, den pürierten Knoblauch, ein wenig Tomatenmark dazugeben, eine Weile braten. Mit Knochenbrühe und Rotwein aufgiessen, bei mittlerem Feuer kochen, mit Salz, Pfeffer, Majoran, feingehacktem frischem Estragon abschmecken und zu den vorgebratenen Rostbratenschnitzeln giessen. Zugedeckt bei mässigem Feuer schmoren. Wenn die Schnitzel halb gar sind, den in Scheiben geschnittenen Wirsingkohl dazugeben, mit wenig Knochenbrühe aufgiessen, zudecken und gar schmoren. Als Beilage frisch zubereitete Kartoffelpuffer geben.
Mit feingehackter Petersilie garnieren.
Kartoffelpuffer:
Die gekochten Kartoffeln stampfen, wenig Salz zugeben. Mit Ei, wenig Mehl, einem nussgrossen Stück Hefe gut zusammenkneten, dann eine halbe Stunde ruhen lassen.
Formen, in reichlichem Fett ausbraten.

ROSTBRATEN AUF CSANGOER ART

2	kg	geräucherte Rinderzunge
3	kg	geputzte Kartoffeln
300	g	Butter
1,5	l	Milch
1	l	Knochenbrühe
1		Bund Petersilie
		Salz

Die gewaschene, geräucherte Rinderzunge in reichlich kaltem Wasser zum Kochen ansetzen. Etwa 1,5—2 Stunden lang zugedeckt gar kochen. Wenn die Rinderzunge gar ist, aus der Knochenbrühe nehmen, mit kaltem Wasser abkühlen, dann enthäuten. Mit einem scharfen Messer dünn aufschneiden, dann in eine feuerfeste Schüssel geben. Mit wenig Knochenbrühe aufgiessen und mit feingehackter Petersilie bestreuen.
Mit Kartoffelpüree heiss servieren.
Kartoffelpüree:
Die geputzten Kartoffeln waschen, in Scheiben schneiden, in Salzwasser gar kochen. Das Wasser abgiessen, die Kartoffeln stampfen und mit Butter und gekochter Milch schaumig rühren. Mit wenig Salz abschmecken.

GERÄUCHERTE RINDERZUNGE MIT KARTOFFELPÜREE

1,6	kg	schieres Rindenrückenfleisch
50	g	Mehl
200	g	Schweinefett
50	g	Butter
30	g	Tomatenmark „Goldener Fasan“
200	g	Rosinen
1/2	l	Most
1		Bund Petersilie
10		Portionen in Butter gedünstete Kartoffeln
1/2	l	Knochenbrühe
		Salz, gemahlener Pfeffer, Senf, Muskatnuss

Das Rückenfleisch in 10 gleichgrosse Schnitzel schneiden, leicht ausklopfen, mit Salz, gemahlenem Pfeffer, Muskatnuss würzen und mit wenig Senf bestreichen.

In Mehl panieren, von beiden Seiten in heissem Fett anbraten. Dann in einem Topf kreisförmig anordnen und zudecken. Das ausgebratene Fett mit Butter erhitzen, Tomatenmark zugeben und einige Minuten lang bräunen. Mit wenig Knochenbrühe aufgiessen, salzen, bei mittlerem Feuer kochen, dann auf die Schnitzel sieben. Zudecken und bei mittlerer Temperatur schmoren. Wenn die Rostbratenschnitzel halb gar sind, mit Most aufgiessen und gar schmoren. Die geschmorten Schnitzel in eine feuerfeste Schüssel geben, mit dem eigenen Saft begiessen und mit in Most und Butter geschmorten Rosinen bestreuen. Als Beilage ganze Kartoffeln mit Butter, gedünsteten Reis oder in Butter gedünstetes, der Saison entsprechendes Gemüse geben. Mit feingehackter Petersilie garnieren.

IN MOST GESCHMORTER RINDERRÜCKEN

1,6	kg	schieres Hüftfleisch
250	g	geputzte Möhren
250	g	geputzte Petersilienwurzeln
100	g	geputzter Sellerie
100	g	geputzter Kohlrabi
100	g	geputzter Wirsingkohl
50	g	geputzte Zwiebeln
1		Knoblauchzehe
1/2		Bund Schnittling
10		Portionen Karoffeln mit Petersilie
		Salz, ganzer Pfeffer, Meerrettich in Essig

Das Hüftstück halbieren, in kaltem Wasser waschen. In einen Topf geben, mit heissem Wasser aufgiessen und zum Kochen ansetzen. Nach dem Aufkochen mit Salz und ganzem Pfeffer abschmecken, Gemüse, Sellerie, Kohlrabi und Wirsingkohl dazugeben, mit Zwiebeln und Knoblauch würzen. Beim Kochen darauf achten, dass das Fleisch gar wird, aber nicht zerkocht, sonst kann es nicht in Scheiben geschnitten und hübsch angerichtet werden. Das gargekochte Rindfleisch in einem Topf in wenig Fleischbrühe zugedeckt warm halten. Beim Servieren das mitgegarte Gemüse verwenden, auch das in wenig Fleischbrühe warm halten. Als Beilage in Salzwasser gekochte Petersilienkartoffeln geben. Den Meerrettich in Essig, die Schnittlingsosse oder Sosse aus frischem Dill extra servieren. Das gekochte Hüftfleisch stets auf einer vorgewärmten Platte heiss servieren. Auf den einen Teil der Platte das geschnittene Gemüse und die Kartoffeln anordnen, das in gleichgrosse Scheiben geschnittene Hüftfleisch daneben legen und mit wenig Fleischbrühe übergiessen. Mit feingehacktem Schnittling bestreuen.

TAFELSPITZ MIT MEERRETTICH IN ESSIG

1,6	kg	Kalbsschulter
250	g	geputzte Zwiebeln
250	g	Fett
50	g	Mehl
1		Knoblauchzehe
3		fleischige Paprikaschoten
2		Tomaten
1/2	l	saure Sahne
0,3	l	Schlagsahne
		Salz, Kalocsaer Edelsüss-Gewürzpaprika

Die feingehackten Zwiebeln in Fett semmelblond anbraten, den pürierten Knoblauch dazugeben und mit Kalocsaer edelsüssem Gewürzpaprika bestreuen. Mit wenig Wasser aufgiessen, dann einkochen lassen. Ist die Flüssigkeit verdunstet, die gewaschene und in gleichgrosse Würfel geschnittene Kalbsschulter in den Topf geben. Salzen, bei grossem Feuer schmoren, von Zeit zu Zeit umrühren und wenn die Flüssigkeit zu verdunsten beginnt, wenig Wasser nachgiessen. Wenn das Fleisch halb gar ist, die entschärften und in Scheiben geschnittenen grünen Paprikaschoten und die Tomaten dazugeben. Bevor das Fleisch völlig gar ist, die saure Sahne und die Schlagsahne mit wenig Mehl binden und in das Gulasch geben.

Gar kochen und mit Eiernockerln servieren.

Mit wenig saurer Sahne, in Scheiben geschnittenen grünen Paprikaschoten und Tomaten garnieren.

KALBSGULASCH

1,4	kg	Kalbsleber
300	g	Schweinefett
500	g	geputzte Zwiebeln
3		grüne Paprikaschoten
3		Tomaten
1/2		Bund Petersilie
		Salz, gemahlener Pfeffer, Majoran, Kalocsaer Rosa-Gewürzpaprika

Die Kalbsleber in kaltem Wasser waschen und mit einem sauberen Tuch abtrocknen. Die Leber in gleichgrosse Streifen schneiden. In einer Pfanne die in Streifen geschnittenen Zwiebeln in Fett anbraten, die gewaschenen und in Stücke geschnittenen grünen Paprikaschoten und die Tomaten dazugeben. Bei starker Flamme weiter braten, dann die in Streifen geschnittene Kalbsleber dazugeben. Mit Salz, gemahlenem Pfeffer, Majoran und Kalocsaer Rosa-Gewürpaprika würzen. Zum Fleisch ein wenig Bratensaft geben, bei starker Flamme, unter ständigem Umrühren gar schmoren. Die gargeschmorte Kalbsleber mit in Scheiben geschnittenen grünen Paprikaschoten, Tomaten und feingehackter Petersilie garnieren. Als Beilage Petersilienkartoffeln oder Röstkartoffeln geben. Mit eisgekühlten sauren Gurken oder Gurkensalat servieren.

UNGARISCHE GESCHMORTE KALBSLEBER MIT GURKEN

1,6	kg	Kalbslendenstück (Jungfernbraten)
400	g	Gänseleber
250	g	Fett
1	kg	fleischige grüne Paprikaschoten
400	g	Tomaten
250	g	geputzte Zwiebeln
500	g	geputzte grüne Erbsen
500	g	geputzter Spargel
50	g	Mehl
50	g	Butter
1		Knoblauchzehe
1/2		Bund Petersilie
10		Portionen Röstkartoffeln
		Salz, Kalocsaer Edelsüss-Gewürzpaprika

Die feingehackten Zwiebeln in Fett hell anbraten, mit püriertem Knoblauch würzen, mit Kalocsaer edelsüssem Gewürzpaprika bestreuen und mit wenig Knochenbrühe aufgiessen. Zugedeckt dünsten lassen, dann die entschärften, in Stücke geschnittenen grünen Paprikaschoten und die Tomaten in den Topf geben. Das Letscho salzen und in 20 Minuten gar kochen. Bis zum Verbrauch beiseite stellen.
Das Kalbfleisch in gleichgrosse runde Scheiben schneiden, ausklopfen, salzen, in Mehl panieren und in der Pfanne, in wenig heissem Fett, bei grossem Feuer, von beiden Seiten rot braten. Die Scheibchen aus dem Fett nehmen, dann auch die panierten Gänseleberscheiben ausbraten. Im ausgebratenen Fett die in Scheiben geschnittenen, gekochten Kartoffeln bei grossem Feuer, unter ständigem Umrühren braten, salzen und zuletzt mit feingehackter Petersilie bestreuen. Dann vorsichtig mit den Kalbsscheibchen verrühren, das Letscho dazugeben und heiss servieren. Die mit dem Letscho und den Kartoffeln verrührten gebratenen Kalbsscheibchen in eine vorgewärmte Silberschüssel geben, die Oberfläche mit den gebratenen Gänseleberscheiben, in Butter gedünsteten grünen Zuckererbsen, Spargelköpfen und feingehackter Petersilie garnieren.

GEBRATENE KALBSSCHEIBCHEN AUF PALATINER ART

1,6	kg	Kalbfleisch (vom Oberschenkel oder Kalbsnuss)
400	g	Gänseleber
250	g	Fett
100	g	Butter
100	g	Mehl
1		Bund Petersilie
		Salz, gemahlener Pfeffer, Muskatnuss

Die Gänseleber in 10 gleichgrosse Teile schneiden, mit der Messerklinge mehrmals beklopfen, mit Salz, wenig gemahlenem Pfeffer würzen, von beiden Seiten in Mehl panieren und in wenig Butter braten. Das Kalbfleisch in 10 gleichgrosse Schnitzel schneiden, ausklopfen, mit Salz, wenig Muskatnuss, gemahlenem Pfeffer würzen und die bereits ausgebratenen Gänseleberstücke auf die Schnitzel verteilen. Dann die Schnitzel einschlagen und mit einer Fleischnadel befestigen, damit während des Bratens die Gänseleber nicht herausfällt. Die Schnitzel von beiden Seiten in Mehl panieren, in heissem Fett schön rot braten, dabei darauf achten, dass das Fleisch saftig bleibt, aber auch in der Mitte durchbrät. Aus dem Fett nehmen, zum ausgebratenen Fett wenig Butter und feingehackte Petersilie geben, mit wenig Knochenbrühe einkochen lassen, dann auf die gebratenen Schnitzel sieben. Sofort servieren. Als Beilage frisch bereitete Pommes frites, Kartoffelscheiben, Kartoffelpüree, in Butter gedünstetes Gemüse oder frisches Obst geben.

Mit Fines-herbes-Sosse servieren:
Feingehackte Champignons in Butter dünsten, salzen, würzen, Worcestersosse zugeben und mit wenig Weisswein einkochen lassen.

MIT GÄNSELEBER GEFÜLLTES KALBFLEISCH

1,8	kg	Kalbskotelett
250	g	Fett
200	g	geputzte Zwiebeln
100	g	Mehl
50	g	Butter
2		grüne Paprikaschoten
2		Tomaten
1/2	l	saure Sahne
0,3	l	Schlagsahne
1/2	l	Knochenbrühe
10		Portionen Hühnerleber-Risotto
		Salz, Kalocsaer Edelsüss-Gewürzpaprika, 1/2 Bund Petersilie

Das Kalbskotelett in kaltem Wasser gut waschen, mit einem sauberen Tuch abtrocknen, dann in 20 gleichgrosse Scheiben schneiden.
Ausklopfen, salzen, in Fett von beiden Seiten schön rot braten, dann beiseite legen. Im ausgebratenen Fett die feingehackten Zwiebeln goldgelb bräunen, mit Kalocsaer edelsüssem Gewürzpaprika bestreuen, mit Knochenbrühe aufgiessen, einkochen lassen und zu den gebratenen Koteletts giessen. Mit in Scheiben geschnittenen grünen Paprikaschoten und Tomaten gar schmoren. Die geschmorten Koteletts herausnehmen, die saure Sahne mit der Schlagsahne und dem Mehl verrühren und damit den Saft binden. Aufkochen, fein durchsieben, die Schnitzel in die Sosse zurücklegen, mit Butterflöckchen garnieren. Mit Hühnerleber-Risotto servieren. Den Hühnerleber-Risotto in die Mitte einer feuerfesten Schüssel geben, die Koteletts rundherum anordnen, mit der sahnigen Sosse übergiessen und mit feingehackter Petersilie bestreuen.
Den Hühnerleber-Risotto ebenso zubereiten wie den Gänseleber-Risotto (nur statt Gänseleber Hühnerleber verwenden).

KALBSRIPPCHEN AUF KRÚDY GYULA-ART

1,6	kg	Kalbslendenstück (Jungfernbraten)
200	g	Butter
0,2	l	Öl
1/2	l	Knochenbrühe
1/2		Bund Petersilie
10		Portionen Röstkartoffeln
		Salz, gemahlener Pfeffer, Mehl

Das Kalbfleisch in 20—30 g schwere Scheibchen schneiden. Leicht ausklopfen, von beiden Seiten in Mehl panieren, in der geschmolzenen butter bei starker Flamme von beiden Seiten rot braten, dann herausnehmen und in eine andere Pfanne legen. Zur ausgebratenen Butter Knochenbrühe geben, bei mittlerem Feuer einkochen lassen und auf das Fleisch sieben. Butterflöckchen darauf geben und zugedeckt warm halten. In einer anderen Pfanne die in Scheiben geschnittenen, gekochten und geschälten Kartoffeln in heissem Öl schön rot rösten, dann das Ganze mit dem Fleisch verrühren. Mit Salz und Pfeffer würzen und mit feingehackter Petersilie bestreuen. In einer vorgewärmten Schüssel anhäufen, mit dem Bratensaft begiessen und mit grünen Salatblättern schmücken.
Man kann sie auch mit Letscho zubereiten, wie die Kalbsscheibchen ungarischer Art.

GEBRATENE KALBSSCHEIBCHEN

1	kg	Schweinekotelett (Rippenstück)
1	kg	Kalbsschnitzel (vom Oberschenkel)
1	kg	Lendenstück
500	g	geräucherter Speck
300	g	Schweinefett
100	g	Mehl
1/2		Bund Petersilie
10		Portionen gemischter Salat
10		Portionen Pommes frites
		Salz, gemahlener Pfeffer, Kalocsaer Edelsüss-Gewürzpaprika, Salatblätter

Das Schweinekotelett, das Kalbsschnitzelfleisch und das Lendenstück in 10 gleichgrosse Scheiben schneiden. Ausklopfen, mit Salz und Pfeffer würzen, dann bis zum Verbrauch beiseite legen. Den geräucherten Speck mit der Schwarte zusammen in 10 gleichgrosse Scheiben schneiden, mit einem scharfen Messer einschneiden (einem Hahnenkamm ähnlich) und in einer Pfanne ausbraten. Bis zum Servieren warm halten. In einer Pfanne wenig Fett erhitzen und die vorbereiteten, in Mehl panierten Scheiben von beiden Seiten schön rot braten. (Das Mehl kann man mit wenig Kalocsaer Gewürzpaprika färben.) Die Scheiben können auch auf einem Rost oder falls vorhanden auf einem Holzkohlengrill gebraten werden. Aber in diesem Fall wird das Fleisch natürlich nicht in Mehl paniert und statt Fett mehrmals mit Öl bestrichen und so rot gebraten.

Serviervorschlag:

Eine grosse Holzplatte mit grünen Salatblättern und mit einem Salatgemisch von sauren Gurken, sauren Tomaten und sauren kleinen Melonen geschmackvoll garnieren, die frisch gerösteten Kartoffeln daneben legen, um sie herum die knusprig gebratenen Fleischscheiben anordnen und die Oberfläche mit dem in Kalocsaer Edelsüss-Gewürzpaprika gewälzten Speckhahnenkamm garnieren. Mit wenig Fett begiessen, mit feingehackter Petersilie bestreuen. Ausserdem kann die Platte noch mit verschiedenen Spiessen oder verzierten Klappmessern geschmückt werden.

SIEBENBÜRGISCHE FLEISCHPLATTE

2	kg	Schweinekamm (ohne Knochen)
50	g	Mehl
200	g	Fett
1/2		Bund Petersilie
10		Portionen Pommes frites
10		Portionen Weisskohlsalat
		Salz, gemahlener Pfeffer, Kalocsaer Gewürzpaprika

Den Schweinekamm in 10 gleichgrosse Scheiben schneiden, ausklopfen, die beiden Seiten mit Salz, Pfeffer und Kalocsaer Gewürzpaprika würzen. In einer Pfanne Fett erhitzen, von beiden Seiten den vorher in Mehl panierten Schweinekamm schön rot braten. Die frischen Pommes frites auf eine Holzplatte geben, darauf die Flecken, mit ein wenig heissem Fett begiessen und mit feingehackter Petersilie bestreuen. Je nach Geschmack des Gastes kann man den Schweineflecken auch mit wenig Senf und Knoblauch würzen. Zum Schweineflecken frischen Weisskohlsalat, gemischten Salat oder der Saison entsprechenden rohen Salat geben.

Weisskohlsalat:

2 kg Weisskohl in Scheiben schneiden, mit heissem Salzwasser abbrühen, abkühlen, dann in eine Rührschüssel geben. Mit Salz, Pfeffer, Zucker, Essig und in Ringe geschnittenen Zwiebeln abschmecken, dann mit wenig Kürbiskernöl leicht umrühren und für etwa 2 Stunden in den Kühlschrank stellen. Zum Schweineflecken extra, in einer Schale servieren.

SCHWEINEFLECKEN MIT WEISSKOHLSALAT

500	g	Lendenstück vom Rind
500	g	Lendenstück vom Schwein
500	g	Kalbsschnitzelfleisch
500	g	geräucherter Speck
400	g	geputzte Zwiebeln
300	g	Champignons
1	kg	geputzte Rosa-Kartoffeln
100	g	Mehl
400	g	Fett
1/2		Bund Petersilie
		Salz, gemahlener Pfeffer, Kalocsaer Gewürzpaprika

Das Kalbfleisch, das Lendenstück und das Schweinefleisch in gleichgrosse Scheibchen schneiden. Mit der Messerklinge mehrmals drücken, mit Salz und Pfeffer würzen. Dann den geräucherten Speck in ebensogrosse Scheiben schneiden wie das Fleisch. Kleinere Zwiebeln vierteln und zerlegen. Auf längere Fleischnadeln bzw. Spiesse alles in folgender Reihenfolge aufstecken: zuerst die Pilze, dann die Zwiebeln, den geräucherten Speck, die in Scheiben geschnittenen Kartoffeln und dann die verschiedenen Fleischsorten. Das Aufgespiesste mit Salz und Pfeffer würzen, in wenig Mehl panieren und in reichlichem Fett unter ständigem Drehen und Begiessen schön rot braten. Auf eine vorgewärmte Platte geben, mit wenig heissem Fett begiessen, mit Kalocsaer Gewürzpaprika und feingehackter Petersilie bestreuen. Als Beilage der Saison entsprechenden Salat oder sauer Eingelegtes geben. (Tomaten in Essig, mit Sauerkraut gefüllte Paprikaschoten in Essig, kleine Melonen in Essig, Zwiebelsalat in Öl usw.)

AM SPIESS GEBRATENES

1	kg	Schweinekotelett im Stück
600	g	gehacktes Schweinefleisch (von der Keule)
400	g	Debreczener Würstchen
300	g	Kolozsvárer Speck
200	g	geputzte Zwiebeln
200	g	Schweinefett
1	kg	Vecséser gesäuerte Weisskohlblätter
2	kg	Vecséser Sauerkraut
1	l	saure Sahne
2		Bund frischer Dill
		Salz, gemahlener Pfeffer, Poleikraut, Majoran, Thymian, Mehl

Das Schweinekotelettstück in 10 gleichgrosse Scheiben schneiden. Mit Salz und Pfeffer würzen, in Mehl panieren und in wenig heissem Fett von beiden Seiten vorbraten, dann beiseite legen. Den geräucherten Speck in kleine Würfel schneiden, in einer Pfanne halb durchbraten, die feingehackten Zwiebeln dazugeben und goldgelb bräunen. Das gehackte Schweinefleisch dazugeben, mit Salz, Majoran, gemahlenem Pfeffer, Thymian würzen, weiter braten, dann die in Scheiben geschnittenen Debreczener Würstchen dazugeben und gar braten. 10 gleichgrosse Weisskohlblätter vorbereiten, die vorgebratenen Koteletts darauf verteilen, auf die Koteletts das gebratene Gehackte geben, die Blätter zusammenrollen und mit einem Bindfaden umwickeln. In einem Topf in wenig Fett die in Streifen geschnittenen Zwiebeln goldgelb bräunen, das in kaltem Wasser durchgewaschenen Sauerkraut dazugeben, mit dem feingehackten frischen Dill und Poleikraut bestreuen, mit wenig Knochenbrühe aufgiessen und gut aufkochen. Die gefüllten Kohlrouladen auf das aufgekochte Kraut legen und zugedeckt, bei mittlerer Temperatur entweder auf dem Herd oder im Backofen anderthalb Stunden lang kochen. Die Koteletts herausnehmen, das zurückgebliebene Kraut mit saurer Sahne und wenig Mehl binden. Bei mittlerem Feuer gut einkochen lassen und mit wenig feingehacktem Dill erneut abschmecken. Die Koteletts in eine feuerfeste Schüssel geben, mit dem gewürzten Kraut überziehen und mit wenig saurer Sahne übergiessen.

SCHWEINERIPPEN AUF HARGITAER ART

1,6	kg	Schweinekotelett im Stück
100	g	Mehl
200	g	Schweinefett
300	g	geräucherter Speck
400	g	geputzte Zwiebeln
1	kg	fleischige Paprikaschoten
400	g	Tomaten
1		Knoblauchzehe
1/2		Bund Schnittling
1/2	l	Knochenbrühe
10		Portionen Röstkartoffeln
		Salz, Kalocsaer Gewürzpaprika

Das Schweinekotelett in 20 gleichgrosse Scheiben schneiden, mit dem Fleischhammer ausklopfen, salzen, in Mehl panieren und in einer Pfanne in wenig Fett von beiden Seiten anbraten. In einen Topf geben und beiseite stellen. Im ausgebratenen Fett den in kleine Würfel geschnittenen geräucherten Speck halb durchbraten, die feingehackten Zwiebeln dazugeben, mit Kalocsaer Gewürzpaprika bestreuen, dann mit wenig Knochenbrühe aufgiessen, einkochen lassen und auf die vorgebratenen Koteletts giessen. Zudecken, mit wenig püriertem Knoblauch abschmecken, gar schmoren. Inzwischen das Letscho zubereiten. In einem Topf in Fett die in Ringe geschnittenen Zwiebeln goldgelb bräunen, mit wenig Knochenbrühe aufgiessen und braten, bis keine Flüssigkeit mehr ist. Die entschärften und in Würfel geschnittenen grünen Paprikaschoten dazugeben und 15 Minuten lang zugedeckt dünsten, dann mit Kalocsaer Gewürzpaprika bestreuen, zuletzt die in Würfel geschnittenen Tomaten dazugeben, salzen und in 20 Minuten gar kochen. Wenn die Koteletts gar sind, sie in der einen Hälfte des Topfes anhäufen und das fertige Letscho vorsichtig dazugeben. Zugedeckt das Ganze gar schmoren. Mit Röstkartoffeln servieren, mit feingehacktem Schnittling garnieren.

KALOCSAER SCHWEINERIPPEN

1,6	kg	Schweineschulter (ohne Knochen)
200	g	Schweinefett
300	g	geputzte Zwiebeln
50	g	Mehl
2	kg	Vecséser Sauerkraut
1		Knoblauchzehe
1/2		Bund frisches Poleikraut
1	l	saure Sahne
		Salz, Kalocsaer Rosa-Gewürzpaprika, Kümmel, Knochenbrühe

Die Schweineschulter in 2×2 cm grosse Würfel schneiden und in kaltem Wasser gründlich waschen. Die feingehackten Zwiebeln in einem rostfreien Topf goldgelb bräunen, den feingehackten Knoblauch und Kümmel dazugeben, mit Kalocsaer Rosa-Gewürzpaprika bestreuen, mit wenig Knochenbrühe aufgiessen, dann solange braten, bis die Flüssigkeit verdunstet ist. Das vorbereitete Schweinefleisch dazugeben, zugedeckt schmoren lassen, dabei von Zeit zu Zeit umrühren und wenn notwendig, etwas Knochenbrühe nachgiessen. Wenn das Fleisch halb gar ist, das ausgedrückte Vecséser Sauerkraut dazugeben. Gut umrühren (wenn nötig, mit wenig Knochenbrühe aufgiessen) und zugedeckt kochen. Wenn das Fleisch und das Kraut fast gar sind, die Brühe mit dem in der sauren Sahne angerührten Mehl binden, gut umrühren und mit feingehacktem Poleikraut gar kochen. In einer feuerfesten Schüssel heiss servieren. Mit wenig saurer Sahne und feingehacktem frischem Poleikraut garnieren.

SZEKLERGULASCH

1,6	kg	Schweineschulter
200	g	Schweinefett
300	g	geputzte Zwiebeln
600	g	Reis
5		grüne Paprikaschoten
3		Tomaten
1		Knoblauchzehe
1/2		Bund Petersilie
1/2	l	Knochenbrühe
		Salz, Kalocsaer Rosa-Gewürzpaprika

Die Schweineschulter in 2×2 cm grosse Würfel schneiden und in kaltem Wasser gründlich waschen. Die feingehackten Zwiebeln in einem rostfreien Topf in wenig Fett goldgelb bräunen, den pürierten Knoblauch dazugeben, mit Kalocsaer Rosa-Gewürzpaprika bestreuen, mit wenig Knochenbrühe aufgiessen und kochen, bis die Flüssigkeit verdunstet ist. Das vorbereitete Schweinefleisch in den Topf geben, bei offener Flamme, zugedeckt schmoren. Wenn das Fleisch beginnt gar zu werden, die entschärften, in Würfel geschnittenen grünen Paprikaschoten und Tomaten dazugeben und in wenig Saft weiter schmoren lassen. Zuletzt den in einem anderen Topf gedünsteten Reis dazurühren, salzen, mit feingehackter Petersilie bestreuen und in etwa 20 Minuten gar kochen. Die Oberfläche mit in Scheiben geschnittenen grünen Paprikaschoten und Tomaten garnieren.

BATSCHKAER REISFLEISCH MIT PAPRIKASALAT

1		ganzes Spanferkel (etwa 8—10 kg schwer)
300	g	geräucherter Speck
1	l	Bier
1		Flasche Sowjetischer Sekt
10		Portionen Sektkraut
10		Portionen Röstkartoffeln
		Salz, gemahlener Pfeffer, Majoran, Thymian, Kümmel, Origanum (wilder Majoran)

Das Ferkel in kaltem Wasser gründlich waschen, mit einem sauberen Tuch abtrocknen. Innen (die Bauchhöhle) mit Salz, gemahlenem Pfeffer, Majoran, Thymian, Kümmel und Origanum gründlich würzen. In eine Pfanne tun, mit in Bier getunktem geräuchertem Speck einreiben (während des Bratens oft wiederholen). Das so vorbereitete Ferkel in den auf Mittelhitze vorgewärmten Backofen geben und etwa 3 Stunden lang knusprig braten. Das fertige Ferkel in gleichgrosse Stücke schneiden, mit frisch bereitetem Sektkraut und Röstkartoffeln servieren.

Sektkraut:

In Scheiben geschnittene Zwiebeln in wenig Fett anbraten, mit wenig Zucker und Kümmel abschmecken, dann das in Scheiben geschnittene Rotkraut dazugeben, mit wenig Sekt begiessen und zugedeckt gar dünsten.

KNUSPRIGES SPANFERKEL MIT SEKTKRAUT

1,6	kg	Schweinefleisch von der Lende oder vom Schenkel
200	g	Schweinefett
50	g	geputzte Zwiebeln
30	g	Tomatenmark "Goldener Fasan"
250	g	geräucherter Speck
1,5	kg	Rosa-Kartoffeln
1		Knoblauchzehe
1/2		Bund Petersilie
1/2		Bund Schnittling
0,3	l	Knochenbrühe
		Salz, gemahlener Pfeffer, gemahlener Dost

Das Schweinefleisch (Jungfernbraten oder Schenkel) in bleistiftdicke Streifen schneiden, in kaltem Wasser gründlich waschen und beiseite legen. Den geräucherten Speck in dünne Streifen schneiden, in einer Pfanne halb durchbraten, die feingehackten Zwiebeln und den pürierten Knoblauch dazugeben. Wenn die Zwiebeln zu bräunen beginnen, die bleistiftdicken Schweinestreifen dazugeben, mit Salz, Pfeffer und gemahlenem Dost abschmecken und bei grosser Flamme, unter ständigem Umrühren braten. Wenn das Fleisch beginnt gar zu werden, einen Mokkalöffel Tomatenmark dazugeben, gut zusammenrühren, mit wenig Knochenbrühe aufgiessen und in nicht zuviel Saft schmoren. Die Rosa-Kartoffeln in der Schale kochen, abpellen, in Scheiben schneiden un in viel Fett knusprig braten. Aus dem Fett nehmen, mit Salz, Pfeffer und feingehackter Petersilie würzen. Die Bratkartoffeln mit dem Brassoer Gulasch kurz zusammenrühren.
In einer vorgewärmten rostfreien Schüssel servieren, die Oberfläche mit feingehacktem Schnittling garnieren.

BRASSOER GULASCH MIT GEMISCHTEM SALAT (sauer eingelegt)

800 g	Schweinskotelett im Stück	2 kg	Vecséser Sauerkraut
800 g	pürierte Schweinskeule	3	Eier
700 g	Debreczener Würstchen	1	geräucherter Schweinsknochen
100 g	Reis	2	Knoblauchzehen
200 g	geputzte Zwiebeln	1 l	saure Sahne
250 g	Schweinefett	2 l	Brühe
400 g	Kaiserspeck		Salz, Kalocsaer Rosa-Gewürzpaprika, gemahlener Pfeffer, Majoran, Dost, Poleikraut, frischer Dill, Kümmel
500 g	geräuchertes Rippchen		
50 g	Mehl		
1 kg	Vecséser gesäuerte Weisskohlblätter		

Das gehackte Schweinefleisch in eine Rührschüssel geben, den halbgargekochten Reis, die feingehackten und in Fett angebratenen Zwiebeln, den feinpürierten Knoblauch und den in kleine Würfel geschnittenen, ein wenig ausgebratenen Kaiserspeck dazugeben, sowie die drei Eier daraufschlagen. Mit Salz, gemahlenem Pfeffer, Kalocsaer Rosa-Gewürzpaprika, Majoran und Dost abschmecken. Das Ganze kurz umrühren und in die Kohlblätter füllen, dabei darauf achten, dass während des Kochens die Füllung nicht herausfällt. In einem Topf die in Scheiben geschnittenen Zwiebeln in Fett anbraten, den feingehackten Knoblauch und Kümmel dazugeben, mit Brühe aufgiessen und so lange kochen, bis die Flüssigkeit verdunstet ist. (Die Zubereitung der Brühe: Den geräucherten Schweinsknochen in viel Wasser 2 Stunden lang kochen.) Das Sauerkraut in kaltem Wasser auswaschen, ausdrücken und auf den Schmorfond geben. Leicht umrühren, dann Schweinekammknochen, geräucherte Wurst, geräucherte Rippchen oder geräuchertes Eisbein zum Sauerkraut geben.

Darauf die gefüllten Kohlrouladen gleichmässig verteilen, mit feingehacktem Poleikraut und Dill bestreuen, mit der Knochenbrühe aufgiessen und zugedeckt, bei kleinem Feuer etwa 2 Stunden lang kochen. (Ist noch Kraut übrig, auf die Rouladen geben.) Die fertigen Rouladen in einer feuerfesten Schüssel warm halten. Das übriggebliebene Kraut mit in saurer Sahne angerührtem Mehl binden und bis zum Servieren beiseite stellen. Das Schweinekotelett in 10 gleichgrosse Scheiben schneiden, salzen, in Mehl panieren und in heissem Fett von beiden Seiten rot braten. Den geräucherten Speck zum Hahnenkamm einschneiden und auch die Debreczener Würstchen einschneiden und in Fett braten.

Serviervorschlag:

Das Kraut mit der Sahne in eine Schüssel geben, darauf die Rouladen, daneben die gebratenen Koteletts, die Debreczener Würstchen und den in Gewürzpaprika gewälzten Hahnenkammspeck legen. Mit wenig saurer Sahne beträufeln und mit feingehacktem Dill bestreuen.

Die Kolozsvárer gefüllten Kohlrouladen stets heiss servieren.

KOLOZSVÁRER GEFÜLLTE KOHLROULADEN

1,4	kg	Schweinehack (vom Schenkel)
600	g	angeräucherte Wurst
200	g	Fett
200	g	Kolozsvárer Speck
150	g	geputzte Zwiebeln
200	g	Reis
2	kg	Vecséser Sauerkraut
1		Knoblauchzehe
1	l	saure Sahne
1	l	Knochenbrühe
		Salz, gemahlener Pfeffer, Majoran, gemahlener Dost, getrocknetes Poleikraut, Kalocsaer Rosa-Gewürzpaprika

Das Sauerkraut in reichlich kaltem Wasser waschen und ausdrücken. In Fett mit wenig feingehackten Zwiebeln dünsten, dabei wenig Knochenbrühe dazugiessen. Inzwischen mit Salz, gemahlenem Dost, getrocknetem Poleikraut und Kalocsaer Rosa-Gewürzpaprika abschmecken, zugedeckt beiseite stellen. Inzwischen den Reis halb gar dünsten, bis zum Verbrauch ebenfalls beiseite stellen. In einer Pfanne Fett warm machen, den in kleine Würfel geschnittenen geräucherten Speck dazugeben, anbraten, dann die feingehackten Zwiebeln und den pürierten Knoblauch dazugeben, mit Kalocsaer Rosa-Gewürzpaprika bestreuen und das Gehackte dazugeben. Mit Salz, gemahlenem Pfeffer und Majoran abschmecken, gut umrühren, mit wenig Knochenbrühe aufgiessen und bei mässigem Feuer gar schmoren. Die angeräucherte Wurst in Scheiben schneiden, in der Pfanne in wenig Fett bei grossem Feuer anbraten und zum halb gar geschmorten Fleisch geben. Eine Pfanne mit Schweinefett ausstreichen, den Boden mit gedünstetem Sauerkraut auslegen, darauf halb gedünsteten Reis, dann geschmortes Fleisch geben. Mit saurer Sahne übergiessen und in dieser Reihenfolge erneut Schicht auf Schicht legen, bis die Pfanne voll ist. Auf die Oberfläche gedünstetes Kraut geben, mit saurer Sahne übergiessen, mit Kalocsaer Rosa-Gewürzpaprika bestreuen, dann in den mittelwarmen Backofen schieben und in etwa einer Stunde gar braten. Aus dem Backofen nehmen, in einer vorgewärmten Schüssel heiss servieren, die Oberfläche mit saurer Sahne übergiessen.

SIEBENBÜRGISCHES GESCHICHTETES KRAUT

1	kg	Leberwurst
1	kg	Blutwurst
1	kg	frische Bratwurst
1	kg	Schweinekotelett im Stück
10		Portionen gedünsteter Rotkohl
10		Portionen Röstkartoffeln
		Salz

Die frisch bereiteten Leber- und Blutwürste und die Bratwürste in eine Pfanne geben, mit wenig zerlaufenem Fett begiessen und im Backofen knusprig braten. Das Schweinekotelett in Scheiben schneiden, ausklopfen, salzen und in wenig Fett von beiden Seiten knusprig braten. Den gedünsteten Rotkohl und die Röstkartoffeln geschmackvoll auf einer Platte anhäufen, die aufgeschnittenen Würste sowie die gebratenen Koteletts daneben legen. Mit wenig ausgebratenem Wurstfett begiessen und heiss servieren.
(Den Rotkohl ähnlich wie das Sektkraut zubereiten, nur hier statt Sekt 0,3 l Weisswein "Zöldszilváni" verwenden.)

HAUSGESCHLACHTE-TES MIT RÖSTKARTOFFELN UND ROTKOHL

1	kg	Schweinehack (vom Schenkel)
100	g	geputzte Zwiebeln
100	g	Schweinefett
150	g	Reis
300	g	Tomatenmark "Goldener Fasan"
100	g	Mehl
20		fleischige grüne Paprikaschoten (zum Füllen)
3		Eier
1		Knoblauchzehe
1/2		Bund Sellerieblätter
100	g	geputzter Sellerie
2	l	Knochenbrühe
		Salz, Majoran, gemahlener Pfeffer, Zucker, Kalocsaer Gewürzpaprika

Aus den mittelgrossen fleischigen Paprikaschoten das Kernhaus entfernen, in reichlichem kaltem Wasser waschen, dann abtropfen lassen. Das Gehackte mit dem halb gar gedünsteten Reis und den Eiern in eine Rührschüssel geben, mit dem durchgesiebten Majoran, dem gemahlenen Pfeffer, Kalocsaer Gewürzpaprika und dem feinpürierten Knoblauch abschmecken. In einem Topf in Fett mit Mehl eine semmelblonde Einbrenne bereiten, das Tomatenmark "Goldener Fasan" dazugeben, mit Knochenbrühe aufgiessen, mit dem Schaumschläger glatt rühren und unter ständigem Umrühren aufkochen. Mit Salz, wenig Zukker abschmecken, Selleriegrün, geputzten Sellerie und Zwiebeln dazugeben. Langsam kochen und inzwischen die gefüllten Paprikaschoten hineingeben. Zugedeckt etwa anderhalb Stunden kochen. Wenn die gefüllten Schoten gargekocht sind, aus dem Topf nehmen, die Tomatensosse fein durchsieben, dann die gefüllten Paprikaschoten in die Sosse zurücklegen. Mit Salzkartoffeln heiss servieren.

GEFÜLLTE PAPRIKASCHOTEN

3	kg	Lammschulter
250	g	Schweinefett
400	g	geputzte Makóer Zwiebeln
2		Knoblauchzehen
3		grüne Paprikaschoten
2		Tomaten
0,3	l	Rotwein "Soproner Kékfrankos"
10		Portionen Petersilienkartoffeln
		Salz, gemahlener Kümmel, Kalocsaer Rosa-Gewürzpaprika

Die Lammschulter entknochen und in 2×2 cm grosse Würfel schneiden. Die feingehackten Zwiebeln in Fett semmelblond anbraten, den pürierten Knoblauch und den gemahlenen Kümmel dazugeben und mit Kalocsaer Rosa-Gewürzpaprika bestreuen. Mit Wasser aufgiessen und solange kochen, bis die Flüssigkeit verdunstet ist, dann das in kaltem Wasser gewaschene, in Würfel geschnittene Lammfleisch dazugeben, salzen und zugedeckt, bei grosser Hitze, möglichst auf offener Flamme, schmoren. Oft umrühren und wenn die Flüssigkeit schon verdunstet ist, wenig Rotwein zugiessen. Darauf achten, dass der Lammgulasch in wenig Saft schmort. Wenn das Lammfleisch beginnt gar zu werden, mit den gewaschenen, entschärften, in Würfel geschnittenen grünen Paprikaschoten und den Tomaten gar kochen. Der Lammgulaschsatz sollte nicht zu dick, aber auch nicht zu flüssig sein.
Zum Lammgulasch im Ganzen gekochte Salzkartoffeln mit Petersilie geben. Man kann aber auch hausgemachte Eiergerste, Nockerln oder gedünsteten Reis dazu servieren.
Mit in dünne Scheiben geschnittenen grünen Paprikaschoten und Tomaten garnieren.

LAMMGULASCH MIT KARTOFFELN

3	kg	Lammrücken
200	g	Öl
400	g	Kaiserspeck
1	kg	Tomaten
1	kg	geputzte grüne Bohnen
100	g	geputzte Zwiebeln
1		Knoblauchzehe
0,1	l	Weisswein "Zöldszilváni"
1		Bund Petersilie
		Salz, gemahlener Pfeffer, gemahlenes Basilikum, Estragon, Beifuss

Den Lammrücken in Scheiben schneiden, ausklopfen, salzen, pfeffern und in wenig Öl nicht zu lange braten, darauf achten, dass das Fleisch saftig bleibt. Den Kaiserspeck in kleine Würfel schneiden, in einer Pfanne anbraten. Die in kleine Stücke geschnittenen Zwiebeln dazugeben, goldgelb bräunen, die abgebrühten, enthäuteten und in Würfel geschnittenen Tomaten dazugeben, mit Salz, wenig püriertem Knoblauch, gemahlenem Pfeffer, gemahlenem Basilikum, Estragon, Beifuss und feingehackter Petersilie abschmecken. Zuletzt die frischgekochten grünen Bohnen dazugeben, mit wenig Weisswein aufgiessen, bei grosser Flamme braten, dann das Ganze auf die Lammkoteletts geben, aufkochen und mit Pommes frites servieren. Mit feingehackter Petersilie garnieren.

LAMMKOTELETT AUF UDVARHELYER ART

2	kg	Lammskeule
400	g	Schweinefleisch
250	g	Fett
300	g	dünner Speck
50	g	geputzte Zwiebeln
3		Brötchen
0,3	l	Milch
1		Knoblauchzehe
1		geputzte Möhre
1		geputzte Petersilienwurzel
0,3	l	Weisswein "Zöldszilváni"
1		Bund Petersilie
3		Eier
		Salz, gemahlener Pfeffer, Majoran, gemahlenes Basilikum, Estragon, Beifuss

Die Lammskeule entknochen, in kaltem Wasser gründlich waschen und mit einem sauberen Tuch abtrocknen. Das Schweinefleisch zusammen mit den in Milch eingeweichten und ausgedrückten Brötchen durch den Fleischwolf drehen und in eine Rührschüssel geben. In kleine Würfel geschnittenen und ausgebratenen Speck, in Fett angebratene feingehackte Zwiebeln, pürierten Knoblauch und die Eier dazugeben. Mit Salz, Pfeffer, Majoran, Estragon, Beifuss und gemahlenem Basilikum abschmekken. Leicht umrühren und in die vorbereitete, aussen und innen eingesalzene Lammskeule füllen. Einrollen und mit einem Faden fest zubinden. In eine Pfanne geben, die in Scheiben geschnittene Möhre und Petersilienwurzel dazugeben, mit zerlaufenem Fett begiessen und gar braten, dabei öfter einen Schuss Weisswein zugiessen und wiederholt umdrehen. Vor dem Servieren den Faden entfernen, aufschneiden, mit dem eigenen Saft begiessen und frischgekochte Kartoffelklösse dazugeben.

Kartoffelklösse:

Die in Salzwasser gekochten Kartoffeln stampfen und mit Mehl und Ei binden. Mit Salz und Pfeffer abschmecken, leicht umrühren, dann Klösse formen und in heissem Salzwasser auskochen, mit zerlaufenem Fett begiessen.

NYÍRSÉGER GEFÜLLTE LAMMSKEULE

5		Fasane
400	g	geräucherter Speck
200	g	Schweinefett
60	g	geputzte Zwiebeln
100	g	geputzte Möhren
100	g	geputzte Petersilienwurzeln
500	g	Heidelbeeren
500	g	Apfelmus
1/2		Bund Petersilie
5		Portionen Pommes frites
5		Portionen gedünsteter Reis
0,2	l	weisser Tischwein
1/2		Knochenbrühe
		Salz, gemahlener Pfeffer, Majoran, Thymian

Die Fasane säubern, vorsichtig, damit ihre Haut nicht zerreicht. Ausweiden, dann aussen und innen sorgfältig waschen und die Brust mit Räucherspeckstreifen spicken. Die Fasane aussen und innen gut salzen, innen mit Majoran, gemahlenem Pfeffer, Thymian, Petersilie und einer halben Zwiebel würzen. In einer Pfanne wenig Fett erhitzen, die vorbereiteten Fasane darin durchbraten und in eine Fleischpfanne geben. Im ausgebratenen Fett ein Gemüsebett bereiten. Die in Scheiben geschnittenen geputzten Möhren, die geputzten Petersilienwurzeln, die Zwiebeln anbraten, mit Weisswein aufgiessen und die bereits vorgebratenen Fasane darauf legen. In den Backofen schieben, unter ständigem Begiessen gar braten. Während des Bratens die verdunstete Flüssigkeit mit wenig Knochenbrühe ersetzen. Bei gleichbleibender Temperatur schön knusprig braten.
Wenn die Fasane gargebraten sind, vom Gemüsebett nehmen, das Gemüse mit der Knochenbrühe bis zum Eindicken kochen, dann fein durchsieben. Als Beilage gedünsteten Reis und Pommes frites geben. Evtl. in Rotwein gedünstete, mit Heidelbeeren gefüllte Birnen und Apfelmus geben. Beim Servieren die Fasane mit dem Bratensaft begiessen.

RADVÁNYER GESPICKTER FASAN MIT APFELMUS

5		Wildenten
500	g	Schweinskeule
100	g	geputzte Möhren
100	g	geputzte Petersilienwurzeln
60	g	geputzte Zwiebeln
50	g	Tomatenmark „Goldener Fasan"
200	g	geräucherter Speck
200	g	Schweinefett
200	g	geschälte Mandeln
5	g	Brötchen
5		Eier
1		Lorbeerblatt
0,3	l	Milch
1/2		Bund Petersilie
1	kg	geputzte Kastanien
0,3	l	Rotwein „Soproner Kékfrankos"
5		Portionen gedünsteter Reis
5		Portionen Kartoffelkroketten
5		Portionen Spanische Sosse
		Salz, gemahlener Pfeffer, Thymian, Majoran

Die gesäuberte Wildente aussen und innen gut waschen, mit einem scharfen Messer die Brust aufschneiden und das Brustbein entfernen. Das Schweinefleisch in einem Fleischwolf (kleinlöchrig) durchdrehen, die in Milch eingeweichten und ausgedrückten Brötchen dazugeben. Dann den geräucherten Speck in kleine Würfel schneiden, ausbraten und den Speck zum Gehackten geben. Die feingehackten Zwiebeln im ausgebratenen Fett goldgelb bräunen und zum Fleisch dazugeben. Mit Salz, Pfeffer, Thymian und Majoran abschmecken und mit den Eiern auflockern. Die Füllung mit einer Holzkelle kurz zusammenrühren. Die vorbereitete Wildente aussen und innen salzen, pfeffern und die fertige Füllung zusammen mit den geschälten, in Streifen geschnittenen Mandeln in die Bauchhöhle geben. Mit Nadel und Zwirn die Bauchhöhle der Wildente gut zusammennähen, damit während des Bratens die Füllung nicht herausfällt.
Die Wildente in wenig Fett durchbraten, im ausgebratenen Fett die in Scheiben geschnittenen, geputzten Möhren, die Petersilienwurzeln, die Zwiebeln anbraten, das Lorbeerblatt und die feingehackte Petersilie dazugeben, mit wenig Tomatenmark anbraten, mit Salz, Pfeffer und Thymian abschmecken, mit Rotwein aufgiessen und die vorgebratene Wildente in den Bratensatz geben. In den Backofen schieben, langsam, unter ständigem Begiessen gar schmoren. Wenn die Wildente weich ist, aus der Sosse nehmen, Spanische Sosse dazugeben, bis zum Eindicken einkochen lassen und fein durchsieben. (Wenn nötig, nachwürzen.)
Die gefüllte Wildente aufschneiden und mit der heissen Sosse servieren. Als Beilage frisch bereitete Kartoffelkroketten, gedünsteten Reis und geröstete Kastanien geben.

SOPRONER GEFÜLLTE WILDENTE

2	kg	Wildschweinkotelett
200	g	Fett
100	g	Butter
600	g	geputzte Zwiebeln
200	g	geräucherter Speck
2	kg	Vecséser Sauerkraut
1	kg	Jonathanäpfel
0,3	l	Tokajer Szamorodni
1/2		Bund Petersilie
2		Lorbeerblätter
		Salz, Pfeffer, ganzer Pfeffer, Thymian, Knochenbrühe

Das wildschweinkotelett sorgfältig säubern, in 10 gleichgrosse Scheiben schneiden und ein wenig ausklopfen. Mit Salz, Pfeffer, Thymian würzen und in den Kühlschrank stellen. Das Sauerkraut in reichlich kaltem Wasser mehrmals durchwaschen, beiseite stellen. Den geräucherten Speck in kleine Würfel schneiden, in einen rostfreien Topf geben und ausbraten. Wenn der Speck ausgebraten ist, die in Scheiben geschnittenen Zwiebeln dazugeben, goldgelb bräunen, dann das ausgelaugte, ausgedrückte Sauerkraut darauflegen. Mit Salz, ganzem Pfeffer und Lorbeerblättern abschmecken, zudecken und mit wenig Knochenbrühe gar schmoren. Die Jonathanäpfel abschälen, entkernen, in Stükke schneiden und in den Topf geben, mit feingehackter Petersilie bestreuen und 5 Minuten lang bei starker Flamme schmoren, dabei mit dem gedünsteten Kraut leicht zusammenrühren. Die vorbereiteten Wildschweinkoteletts in wenig Fett schön rot braten, dann aus dem Fett nehmen. Wenig Tokajer Szamorodni ins Fett giessen, bis zum Eindicken kochen. Das Kraut mit den Äpfeln in eine Servierschüssel geben, die knusprig gebratenen Wildschweinkoteletts daneben legen, dann den mit dem Wein gewürzten Bratensaft darauf giessen. Heiss servieren.

TOKAJER WILDSCHWEIN-KOTELETT

1,6	kg	schieres Hirschfleisch (Keule)
200	g	Schweinefett
300	g	geputzte Zwiebeln
50	g	Tomatenmark „Goldener Fasan“
100	g	Mehl
400	g	frische Steinpilze (oder 50 g getrocknete Pilze)
1/2	l	saure Sahne
0,2	l	Weissweinn
1/2		Bund Petersilie
2		Lorbeerblätter
		Salz, gemahlener Pfeffer, Thymian, Knochenbrühe

Das Fleisch in bleistiftdicke Streifen schneiden und in kaltem Wasser gut waschen. Feingehackte Zwiebeln in Fett goldgelb bräunen, mit dem Tomatenmark weiter rösten, dann das gewaschene Hirschfleisch dazugeben. Mit Salz, Pfeffer und Thymian abschmecken, zugedeckt, bei grossem Feuer schmoren. Wenn die Flüssigkeit verdunstet ist, sie mit wenig Knochenbrühe ersetzen. Wenn das Fleisch beginnt weich zu werden, die geputzten, gründlich gewaschenen, in Scheiben geschnittenen Steinpilze, die Lorbeerblätter und die feingehackte Petersilie dazugeben. In der sauren Sahne mit einem Schaumschläger Mehl anrühren und damit das Ragout binden. Mit Weisswein abschmekken, darauf achten, dass die Sosse nicht klumpig wird.
Mit gedünstetem Reis, Kartoffelkroketten oder Kartoffelpuffern servieren.

HIRSCHRAGOUT MIT STEINPILZEN

3,5	kg	Rehrücken
300	g	geräucherter Speck
300	g	Speiseöl
100	g	Butter
400	g	Hühnerleber
400	g	Champignons
200	g	geschälte Mandeln
100	g	geputzte Möhren
100	g	geputzte Petersilienwurzeln
50	g	Tomatenmark "Goldener Fasan"
50	g	Mehl
1		Lorbeerblatt
1	l	Knochenbrühe
0,3	l	Rotwein „Soproner Kékfrankos"
1/2		Bund Petersilie
10		Portionen Pommes frites
10		mit Heidelbeeren gefüllte Birnen
		Salz, gemahlener Pfeffer, Thymian

Das Fleisch mit einem scharfen Messer vom Rehrückenknochen abtrennen, waschen, mit einem sauberen Tuch abtrocknen und in gleichgrosse Scheibchen schneiden. Leicht ausklopfen und mit Räucherspeckstreifen spicken. Mit Salz und Pfeffer würzen, mit wenig gemahlenem Thymian bestreuen, in eine Schüssel geben, Öl dazugiessen und 1—2 Tage lang im Kühlschrank pökeln. Den Rehrückenknochen in grössere Stücke zerhacken, in einen Topf geben, wenig Öl untergeben und im Backofen braten. Wenn der Knochen leicht rot ist, die in Scheiben geschnittenen Möhren, Petersilienwurzeln und Zwiebel sowie wenig Tomatenmark dazugeben und weiter braten. Mit wenig Mehl bestreuen, mit Knochenbrühe aufgiessen, mit Salz und Gewürzen abschmekken, das Lorbeerblatt dazugeben, 2 1/2—3 Stunden lang kochen, dann fein durchsieben. Mit dem Rotwein bis zum Eindikken kochen. Die Hühnerleber in Würfel schneiden und abbrühen. Die Pilze waschen, in Würfel schneiden, die geschälten Mandeln mit einem scharfen Messer in Streifen schneiden. In der Pfanne Butter erhitzen, die in Würfel geschnittenen Pilze, die Hühnerleber und die in Streifen geschnittenen Mandeln dazugeben. Würzen und mit feingehackter Petersilie bestreuen. Weiter braten und von der durchgesiebten Sosse dazugiessen. In der Pfanne Öl erhitzen und die vorbereiteten, gespickten Rehscheibchen kurze Zeit braten (wie englisches Beefsteak). In eine feuerfeste Schüssel geben und das fertige Ragout darüber giessen. Mit frischgerösteten Pommes frites und in Rotwein gedünsteten, mit Heidelbeeren gefüllten Birnen servieren, die Oberfläche mit feingehackter Petersilie bestreuen. Als Beilage kann man auch gedünsteten Reis, Kartoffelkroketten oder hausgemachte Eiergerste geben.

GESPICKTE REHSCHEIBCHEN AUF SZÉCHENYI-ART

20	St.	Wachteln
400	g	geräucherter Speck
200	g	Fett
300	g	geputzte Zwiebeln
1	kg	Linsen
1/2		Bund Petersilie
0,1	l	Kognak
10		Portionen Pommes frites
		Salz, gemahlener Pfeffer, Majoran, Thymian, Zucker, Zitronensaft, Öl

Die gesäuberten Wachteln waschen, aussen und innen salzen, pfeffern, mit Majoran, Thymian würzen, ins Innere Petersilie und etwas Kognak geben. Den Speck in schöne dünne Scheiben schneiden und die Wachteln darin sorgfältig einwickeln. Einen dünnen Faden umbinden, damit die Speckscheiben während des Bratens nicht herunterfallen. In einem Topf Fett erhitzen, die eingewickelten Wachteln in den Topf Fett erhitzen, die ingewickelten Wachteln in den Topf geben, wenig Knochenbrühe daruntergiessen und im Backofen, unter ständigem Begiessen weich braten. Wenn die Wachteln gargeschmort sind, aus dem Backofen nehmen, auf Spiesse stecken und über Holzkohlenglut schön rot braten, dabei öfter mit etwas Öl einreiben. Mit Pommes frites und Linsensalat servieren.

Linsensalat:

Die Linsen putzen, in kaltem Wasser einweichen, dann in Salzwasser weich kochen und abkühlen lassen. Die Zwiebeln in Scheiben schneiden, salzen und 15 Minuten lang stehen lassen. Die gekochten und erkalteten Linsen in einen anderen Topf geben (ohne die Flüssigkeit), die ausgedrückten Zwiebeln, wenig Zitronensaft, Salz, Pfeffer, etwas Zucker und Öl dazugeben, mit feingehackter Petersilie bestreuen und so das Ganze mit Wasser bedecken. Für eine Stunde in den Kühlschrank stellen, in einer vorgekühlten Schüssel kalt servieren.

AM SPIESS GEBRATENE WACHTELN MIT LINSENSALAT

1,6	kg	Wildschweineschulter ohne Knochen
200	g	Schweinefett
400	g	geputzte Zwiebeln
2		Knoblauchzehen
1		Tomate
1		grüne Paprikaschote
0,2	l	Rotwein "Soproner Kékfrankos"
10		Portionen hausgemachte Eiergerste
		Salz, Kümmel, Kalocsaer Gewürzpaprika

Die Wildschweineschulter in 3×3 cm grosse Würfel schneiden, in kaltem Wasser gut waschen. Die feingehackten Zwiebeln in Fett goldgelb bräunen, den feingehackten Knoblauch und den Kümmel dazugeben (den Knoblauch mit der Messerklinge mehrmals drücken, den Kümmel daraufgeben und mit dem Messer feinhacken), dann das gewaschene Fleisch dazugeben und bei starker Flamme schmoren. Von Zeit zu Zeit etwas Rotwein und kaltes Wasser dazugiessen. Wenn das Fleisch beginnt weich zu werden, mit dem Kalocsaer Gewürzpaprika bestreuen und mit der in Würfel geschnittenen Tomate und der entschärften, in Würfel geschnittenen grünen Paprikaschote gar kochen. Mit hausgemachter Eiergerste servieren. Als Beilage kann man auch Nockerln oder ganze Rosa-Kartoffeln geben.

VELEMER WILDSCHWEIN-GULASCH

3	kg	Hasenrücken oder -keule
300	g	geräucherter Speck
200	g	Fett
200	g	geputzte Möhren
200	g	geputzte Petersilienwurzeln
200	g	geputzte Zwiebeln
100	g	Mehl
50	g	Butter
2		Lorbeerblätter
2		Zitronen
0,7	l	saure Sahne
0,2	l	Weisswein
		Salz, Estragonessig, Estragon, Senf, Zucker, gemahlener Pfeffer, Kapern, Knochenbrühe

Den Hasen zerlegen, enthäuten und gründlich in kaltem Wasser waschen (es empfiehlt sich, den Hasen ein paar Tage zu pökeln) und mit einem sauberen Tuch abtrocknen. Den Hasenrücken und die Keule mit dünnen Speckstreifen spicken. Mit Salz und gemahlenem Pfeffer würzen. Die Zwiebeln und das Gemüse in Scheiben schneiden und in eine Pfanne geben, die Lorbeerblätter, die Speckschwarte und darauf die Hasenfleischstücke geben. Mit wenig zerlaufenem Fett begiessen, im Backofen, bei mittlerer Temperatur braten. Während des Bratens die Hasenfleischstücke mehrmals wenden und mit dem Bratenfett begiessen. Wenn das Fleisch halb weich ist, herausnehmen, in einen Topf tun, zudecken und beiseite stellen. Das Gemüse in der Pfanne so lange dünsten, bis keine Flüssigkeit mehr übrigbleibt, mit Mehl bestreuen und unter ständigem Umrühren anbraten. Mit der Knochenbrühe aufgiessen, glatt rühren und die saure Sahne dazugiessen. Mit Salz, gemahlenem Pfeffer, Zucker, Zitronensaft, Estragon, Estragonessig, Senf und den feingehackten Kapern abschmecken. (Man kann auch noch etwas geriebene Zitronenschale dazugeben.) Gut aufkochen und zum halbfertig gebratenen Hasenfleisch geben, zugedeckt, bei mässigem Feuer im Backofen weich schmoren. Wenn das Fleisch weich ist, erneut abschmecken, dann wenig Butter auf die Oberfläche bröckeln. Die Hasenfleischstücke in eine feuerfeste Schüssel geben, mit der Bratensosse begiessen, mit geschälten und in Scheiben geschnittenen Zitronen schmücken, darauf Kapern legen, mit saurer Sahne begiessen und mit heissen Semmelknödeln servieren. Die Sosse des Wildbretartig zubereiteten Hasenfleisches sollte mitteldick und völlig glatt sein.
Sie sollte von der sauren Sahne und dem wildbretartig zubereiteten Hasenfleisch sowie von den verwendeten Gewürzen einen pikanten, leicht sauren, gehaltvollen Geschmack bekommen.

WILDBRETARTIG ZUBEREITETER HASENRÜCKEN MIT SEMMELKNÖDELN

4	kg	Hirschrücken
200	g	Öl
1	kg	geputzte Kastanien
1	kg	enthülste grüne Erbsen
400	g	Pilze
600	g	Reis
100	g	Butter
1	kg	Äpfel
500	g	Hagebuttenmarmelade
1/2		Bund Petersilie
1,5	l	Knochenbrühe
		Salz, gemahlener Pfeffer, Thymian, gemahlener Wacholder, Safran

Vom Hirschrücken das Fleisch mit einem scharfen Messer abtrennen, enthäuten, in kaltem Wasser gut waschen und mit einem sauberen Tuch abtrocknen. Das Fleisch in gleichgrosse Scheiben schneiden, mit Salz, Pfeffer, Thymian und gemahlenem Wacholder würzen, in eine Ölbeize geben und für ein paar Stunden in den Kühlschrank stellen. Den Reis in kaltem Wasser gut waschen, und in wenig Butter rostbraun rösten. Mit der Knochenbrühe aufgiessen, salzen, mit Safran abschmecken und zugedeckt, im Backofen gar dünsten. Die gewaschenen, in Würfel geschnittenen Pilze und die grünen Erbsen in Butter dünsten, zum gedünsteten Reis geben und mit feingehackter Petersilie bestreuen. Die Fleischscheiben in heissem Öl kurz braten (wie englisches Beefsteak), dann aus dem Öl nehmen. Im heissen Öl die geschälten, in Scheiben geschnittenen, entkernten Äpfel braten. Das gebratene Fleisch auf einer Platte anrichten, die gebratenen Apfelscheiben daneben legen, dann mit dem Bratenfett begiessen. Reis auf Batthyány-Art, geputzte, geröstete Kastanien und Hagebuttenmarmelade dazugeben.

HIRSCHSCHEIBCHEN AUF BATTHYÁNY-ART

4	kg	Hirschrücken
400	g	geräucherter Speck
200	g	Öl
500	g	Hagebuttenmarmelade
10		Alexanderbirnen
0,2	l	Rotwein
1/2		Bund Petersilie
10		Portionen Pommes frites
		Salz, gemahlener Pfeffer, Thymian, gemahlener Wacholder

Den Hirschrücken gründlich säubern, enthäutern, in kaltem Wasser gut waschen und mit einem sauberen Tuch abtrocknen. Den geräucherten Speck in dünne Streifen schneiden und den Hirschrücken glelichmässig verteilt spicken. In trockener Beize für einige Tage in den Kühlschrank stellen. Vor dem Verbrauch gründlich mit Salz, Pfeffer, Thymian und gemahlenem Wacholder abschmecken. In einer Pfanne Öl erhitzen und den gespickten Hirschrücken schön gleichmässig rot durchbraten, dann aus dem Öl nehmen und in einer Pfanne in den Backofen schieben. In etwa 35—40 Minuten gar braten. Aus dem Backofen nehmen, mit einem scharfen Messer das Fleisch vom Hirschrücken abtrennen, in Scheiben schneiden und auf den Knochen zurücklegen. Mit frisch zubereiteten Pommes frites, in Rotwein gedünsteten Birnen und Hagebuttenmarmelade servieren. Mit Petersilie garnieren. Als Beilage kann man auch Kartoffelpuffer oder mit Mandeln zubereitete Kartoffelkroketten geben.

GESPICKTER HIRSCHRÜCKEN MIT HAGEBUTTEN-MARMELADE

UNGARISCHER GEMISCHTER SALAT

1 kg fleischige Paprikaschoten
1 kg Tomaten
1 kg geputzte frische Gurken
5 Köpfe Salat
2 Zitronen
1 Bund Petersilie
2 Bund Schnittling
Salz, gemahlener Pfeffer, Puderzucker, Essig, Öl

Die fleischigen Paprikaschoten waschen, die Kerngehäuse entfernen, in Scheiben schneiden, salzen und beiseite legen. Die Tomaten waschen, in Scheiben schneiden und beiseite legen. Die Gurken waschen, schälen, in Scheiben schneiden und beiseite legen. Die Salatköpfe waschen, vierteln und beiseite legen. Die so vorbereiteten Grundstoffe voneinander getrennt würzen. Dann den Paprika-, Tomaten- und Gurkensalat in eine vorgekühlte Glasschüssel geben und darauf die Salatblätter tun, die vorher in eine Salatsosse getunkt wurden. Salatsosse: Wenig Wasser, Salz, Puderzucker, Zitronensaft, feingehackte Petersilie und Öl. Das Ganze mit wenig Öl begiessen, mit feingehackter Petersilie und Schnittling bestreuen.
Man kann die Oberfläche auch noch mit geriebenen gekochten Eiern, Roquefortkäse, saurer Sahne oder Joghurt garnieren.

DER SALAT DES WIRTEN VON JÁK

500 g weisse Trockenbohnen
300 g Porree
1 kg Vecséser Sauerkraut
2 Bund Schnittling
2 Lorbeerblätter
Salz, gemahlener Pfeffer, Puderzucker, Kürbiskernöl, Zitronensaft

Die Bohnen waschen und einweichen. In mit Lorbeerblättern gewürztem Salzwasser weich kochen. Das Kochwasser abgiessen und die Bohnen in kaltem Wasser abkühlen. Das Vecséser Sauerkraut mit wenig Öl, Salz und Pfeffer würzen und zugedeckt dünsten. Abkühlen, bis zum Verbrauch beiseite stellen. In die Rührschüssel Kürbiskernöl giessen, den in Scheiben geschnittenen Porree dazugeben, salzen, pfeffern, dann mit Zitronensaft und wenig Puderzucker abschmecken. Das gedünstete Kraut und die gekochten Bohnen dazugeben. Nachwürzen, mit feingehacktem Schnittling bestreuen, leicht zusammenrühren und für etwa 2 Stunden in den Kühlschrank stellen.
Zu Fleischgerichten, auf einem vorgekühlten Teller servieren.

UNGARISCHER PILZSALAT

2	kg	Champignons	1		Zitrone
100	g	geputzte Zwiebeln			Salz, gemahlener
0,2	l	Öl			Pfeffer, Thymian,
100	g	Tomatenmark			gemahlener Dost,
		"Goldener Fasan"			Zucker,
1		Lorbeerblatt	0,2	l	Weisswein

In einem Topf die feingehackten Zwiebeln so lange dünsten, bis sie zerfallen. Die gewaschenen, in Stücke geschnittenen Pilze dazugeben, salzen und mit gemahlenem Pfeffer, Thymian, gemahlenem Dost und dem Lorbeerblatt abschmecken. Halbgar schmoren. Dann das Tomatenmark „Goldener Fasan", den Weisswein, den Zitronensaft dazugeben, mit wenig Zucker abschmecken und in 5 Minuten gar kochen. Abkühlen, vor dem Servieren das Lorbeerblatt entfernen.

Palatschinkenteig:

350 g	Mehl
4	Eier
100 g	Puderzucker
150 g	Öl (Fett)
0,6 l	Milch
	Salz

In einer rostfreien Rührschüssel die Eier aufschlagen, die kalte Milch, ein wenig Salz und wenig Puderzucker dazugeben. Mit dem Schaumschläger glatt rühren. Unter ständigem Umrühren das durchgesiebte Mehl langsam dazugeben, darauf achten, dass es nicht klumpt. So bekommt man einen dicken Palatschinkenteig. Wenn der Palatschinkenteig zu dick ist, unter ständigem Umrühren Sodawasser dazugiessen. In der Pfanne Öl oder Fett erhitzen und dünne Palatschinken backen und sie auf einen Teller legen.

Füllung:

500 g	gemahlene Nüsse
50 g	Rosinen
300 g	Puderzucker
0,2 l	Schlagsahne
0,15 l	Rum

Schokoladensosse:

250 g	Puderzucker
200 g	Schokolade
50 g	Kakaopulver
5	Eigelb
1/2 l	Milch
0,2 l	Schlagsahne
0,1 l	Rum
1/2	Stange Vanille

Die gemahlene Nuss mit der Schlagsahne, den in Rum eingeweichten Rosinen und dem Puderzucker zusammenrühren. Die Palatschinken damit füllen, zum Dreieck zusammenfalten, in eine feuerfeste Schüssel geben und die mit Rum abgeschmeckte, heisse Schokoladensosse darauf giessen.
Den Puderzucker mit dem Eigelb verrühren, die Milch, die in Stücke zerbrochene Schokolade, die Schlagsahne und die Vanille dazugeben. Im Wasserbad, unter ständigem Umrühren aufkochen. Aus dem Wasserbad nehmen, mit Rum abschmecken.

PALATSCHINKEN NACH GUNDEL

20		Palatschinken
300	g	gemahlene Nuss
200	g	Schokolade
300	g	Quark
200	g	Butter
500	g	Puderzucker
300	g	Aprikosenmarmelade
50	g	Rosinen
6		Eier
1		Zitrone
0,3	l	Schlagsahne
1/2		Stange Vanille

Die fertigen Palatschinken und die verschiedenen Füllungen abwechselnd aufeinander schichten.

Füllung:

Den Quark durchstreichen und mit wenig geschmolzener Butter, Schlagsahne, Eigelb, Rosinen und wenig Puderzucker verrühren, mit geriebener Zitronenschale und Vanille abschmecken, dann bis zum Verbrauch beiseite stellen.
Die gemahlene Nuss mit wenig Schlagsahne, Puderzucker, Rum, geriebener Zitronenschale leicht verrühren und bis zum Verbrauch beiseite stellen. Eine feuerfeste Schüssel mit Butter ausstreichen. Die erste Palatschinke in die Schüssel legen, mit der fertigen Nussfüllung bestreichen, darauf die nächste Palatschinke legen, darauf Quarkfüllung geben, dann eine Palatschinke mit feingeriebener Schokolade bestreuen. Darauf wieder eine Palatschinke geben, sie mit Aprikosenmarmelade bestreichen. Die Palatschinken in dieser Reihenfolge schichten, bis die Füllung alle ist. Zuoberst mit einer Palatschinke abschliessen. Im Backofen, bei mässiger Temperatur in etwa 10 Minuten fertig backen. Inzwischen das Eigelb mit dem Puderzucker schaumig schlagen, einen Esslöffel Aprikosenmarmelade unterrühren. Die Palatschinken aus dem Backofen nehmen, mit dem Eischaum garnieren. Für 5 Minuten in den Backofen zurückstellen, dann auf einer vorgewärmten Platte servieren.

PALATSCHINKEN IN SCHICHTEN

250 g	Mehl
300 g	Butter
300 g	Puderzucker
10	Eier
2	Zitronen
0,7 l	Schlagsahne

Füllung:

300 g	gemahlene Nüsse
300 g	Puderzucker
200 g	Orangenjam
100 g	Rosinen
0,1 l	Rum
5	Portionen Punschsosse

Die Butter mit dem Eigelb und dem Puderzucker gut verrühren, mit wenig geriebener Zitronenschale würzen, das Mehl und die Schlagsahne beigeben, zu einem glatten Teig rühren, zuletzt das steifgeschlagene Eiweiss von 5 Eiern dazugeben. In einer mit Butter ausgefetteten Pfanne dickere Palatschinken backen, dabei nur eine Seite braten. Die Palatschinken dann in einer mit Butter ausgestrichenen feuerfesten Schüssel oder in einer Pfanne vorsichtig aufschichten, dabei jede Palatschinke mit Orangenjam beträpfeln, mit verzuckerten Rosinen und mit geriebener Zitronenschale und gewürzter gemahlener Nuss bestreuen. (Die Rosinen in Rum einweichen.) Die letzte Palatschinke von beiden Seiten backen und so auf die gefüllte Palatschinke legen. Mit zerlaufener Butter begiessen und für 10 Minuten in den Backofen geben. Das Eiweiss von 5 Eiern zusammen mit dem Puderzucker steif schlagen, die Palatschinken aus dem Backofen nehmen und mit dem Eierschnee garnieren. Dann wieder in den Backofen geben und hell backen. In einer vorgewärmten Schüssel heiss servieren. Punschsosse dazu geben.

PALATSCHINKEN AUF MAGNATENART

3		Päckchen fertiger Strudelblätterteig
1	kg	Quark
500	g	Butter
400	g	Puderzucker
600	g	mit 8 Eiern zubereitete Fadennudeln
10		Eier
1		Zitrone
1		Stange Vanille
1	l	saure Sahne

Die Fadelnudeln in heissem Salzwasser auskochen, abkühlen, absieben und bis zum Verbrauch beiseite stellen. Die saure Sahne einen Tag vorher in ein sauberes Küchentuch tun und etwa 24 Stunden lang darin aufhängen, damit die Molke heraustropft. Den Quark durchstreichen. In einer Rührschüssel Butter, Eiweiss und Puderzucker gut verrühren, den Quark und die ausgetropfte saure Sahne dazugeben. Mit der geriebenen Zitronenschale, den Rosinen und der Vanille abschmecken. Die ausgekochten Fadennudeln beigeben, zuletzt das mit dem Puderzukker steifgeschlagene Eiweiss dazugeben. Das Ganze leicht umrühren. Ein Backblech mit Butter einfetten, mit der Hälfte der Strudelblätter auslegen, sie mit zerlaufener Butter begiessen. Die fertige Masse darauf geben und sie mit den verbliebenen Strudelblättern bedecken. Mit geschmolzener Butter begiessen und im Backofen, bei mittlerer Temperatur in 25—30 Minuten schön rot backen. Auf einem vorgewärmten Teller heiss servieren, die Oberfläche mit Vanillenpuderzucker bestreuen.

SCHUHMACHER-STRUDEL

1	kg	Quark
200	g	Puderzucker
500	g	Mehl
600	g	Butter
60	g	Rosinen
10		Eier
1		Zitrone
0,6	l	saure Sahne
		Salz

Den Quark durchstreichen, in die Rührschüssel geben, mit Mehl, Eiweiss von 5 Eiern, 0,1 l saurer Sahne gut zusammenkneten, damit man einen festen Teig bekommt. Das Nudelbrett mit Mehl bestreuen, den vorbereiteten Teig fingerdick ausrollen und in bleistiftdicke Fadennudeln schneiden. In einem Topf Wasser kochen, wenig Salz zugeben und den Teig darin auskochen. Absieben, beiseite stellen.
In einer Rührschüssel die Butter mit dem Eigelb und dem Puderzucker glatt verrühren, mit geriebener Zitronenschale und Rosinen abschmecken, die saure Sahne und die ausgekochten Fadennudeln dazugeben. Leicht umrühren, in ein mit Butter ausgestrichenes Backblech geben und im Backofen schön rot backen. Auf einem vorgewärmten Teller heiss servieren.

STEIRISCHE NUDELN

STRUDEL

4		Päckchen fertiger Strudelblätterteig
200	g	Butter

Zu 10 Portionen Strudeln 4 Päckchen Strudelblätter verbrauchen. Ein weisses Küchentuch ausbreiten, das ausgewickelte Strudelblatt vorsichtig darauf legen, mit der entsprechenden Füllung füllen, mitgeschmolzener Butter begiessen und mit Hilfe des Küchentuchs aufrollen. In ein mit Butter ausgefettetes Backblech geben, mit zerlaufener Butter bestreichen und in 20—25 Minuten fertig backen.
Heiss, aufgeschnitten servieren, mit Vanillenpuderzucker bestreuen.

Apfelstrudel

2	kg	Jonathanäpfel
400	g	Puderzucker
200	g	gemahlene Nüsse
100	g	Rosinen
50	g	gemahlener Zimt
1		Zitrone

Sauerkirschenstrudel

2	kg	Sauerkirschen oder Süsskirschen
300	g	Puderzucker
200	g	gemahlene Nüsse
100	g	Rosinen
50	g	gemahlener Zimt
1		Zitrone

Die Äpfel schälen, abreiben, mit dem Puderzucker, den gemahlenen Nüssen, dem gemahlenen Zimt, der geriebenen Zitronenschale und den Rosinen verrühren und die Strudelblätter damit füllen.
Die Sauerkirschen auskernen, den Saft ausdrücken, mit dem Puderzucker, den gemahlenen Nüssen verrühren, mit gemahlenem Zimt, der geriebenen Zitronenschale und den Rosinen würzen und die Strudelblätter damit füllen.

Quarkstrudel

1,5	kg	Quark
100	g	Butter
400	g	Puderzucker
50	g	Rosinen
30	g	Weizengriess
1		Zitrone
6		Eier
1/2	l	saure Sahne

Mohnstrudel

600	g	gemahlener Mohn
400	g	Puderzucker
1/2	kg	Jonathanäpfel
100	g	Butter
50	g	Rosinen
1		Zitrone
1/2	l	Milch

In einer Rührschüssel die Butter mit dem Puderzucker, dem Eigelb gut verrühren, mit der geriebenen Zitronenschale würzen. Den Weizengriess, den durchgestrichenen Quark, die saure Sahne, die Rosinen und das mit dem Puderzucker steifgeschlagene Eiweiss dazugeben. Leicht umrühren und die vorbereiteten Strudelblätter damit füllen.
Die Milch mit wenig Zucker und der geriebenen Zitronenschale abschmecken und in einer rostfreien Schüssel aufkochen. Den gemahlenen Mohn hineingeben, kochen und glatt rühren. Vom Feuer nehmen, die Rosinen beigeben und abkühlen. Die Äpfel schälen, abreiben, ausdrücken und zur schon abgekühlten Mohnfüllung geben. Mit der Füllung die vorbereiteten Strudelblätter füllen.

Krautstrudel

2,5	kg	geputzter Weisskohl
300	g	Fett
50	g	Puderzucker
		Salz, gemahlener Pfeffer

Den Weisskohl klein schneiden (schnipseln), mit wenig Salz verrühren und etwa eine Stunde lang ruhen lassen. In Fett Zucker bräunen, den ausgedrückten Kohl dazugeben und mit gemahlenem Pfeffer würzen. 20 Minuten dünsten, vom Feuer nehmen und abkühlen lassen. Wenn der Kohl abgekühlt ist, die vorbereiteten Strudelblätter damit füllen.

1	kg	Mehl
200	g	Fett
400	g	geräucherter Schinken
12		Eier
0,7	l	saure Sahne
		Salz, gemahlener Pfeffer, Semmelbrösel

Aus 1 kg Mehl, 8 Eiern und einer Prise Salz einen Teig kneten. Auf dem bemehlten Brett dünn ausrollen und in anderthalb cm breite Streifen schneiden. In kochendem Salzwasser auskochen, mit kaltem Wasser abkühlen, abgiessen und bis zum Verbrauch warm halten. In einer Rührschüssel das harte Fett mit dem Eigelb von 4 Eiern und der sauren Sahne glatt rühren, den feingehackten Schinken dazugeben, mit wenig Salz und gemahlenem Pfeffer abschmecken, zuletzt das steifgeschlagene Eiweiss und die ausgekochten Fadennudeln dazugeben. Das Ganze leicht umrühren. Ein Backblech einfetten und ausbröseln und die schon verrührten Schinkennudeln dazugeben. In dem Backofen, bei mittlerer Temperatur in 20 Minuten schön rot backen. Auf einem vorgewärmten Teller in dreieckige Stücke geschnitten servieren.

SCHINKENSCHNITTEN

1	kg	Mehl
200	g	Butter
300	g	Aprikosenmarmelade
300	g	Puderzucker
300	g	gemahlener Mohn
100	g	Rosinen
12		Eier
1		Zitrone
0,6	l	saure Sahne
		Salz, Semmelbrösel

Aus 1 kg Mehl, 8 Eiern und einer Prise Salz einen Teig kneten. Auf einem bemehlten Brett dünn ausrollen und in anderthalb cm breite Streifen schneiden. In kochendem Salzwasser auskochen, mit kaltem Wasser abkühlen, abgiessen und bis zum Verbrauch warm halten. In einer Rührschüssel das Eigelb mit der Butter und dem Puderzucker glatt rühren, mit der geriebenen Zitronenschale und den Rosinen würzen. Die saure Sahne, den mit dem Puderzucker steifgeschlagenen Schnee von 4 Eiern und die ausgekochten Fadennudeln dazugeben. Leicht umrühren. Ein rostfreies Backblech mit butter einfetten und einbröseln und ein Drittel des Teigs auf dem Blech gleichmässig verteilen. Reichlich mit gemahlenem Mohn bestreuen, darauf Teig legen, mit Aprikosenmarmelade bestreichen und dies solange wiederholen, bis das Blech voll ist. Dabei darauf achten, dass die oberste Schicht Teig ist. Im Backofen, in 20—25 Minuten rot backen. Auf einem vorgewärmten Teller, in dreieckige Stücke geschnitten servieren.

PRESSBURGER SCHNITTEN

1	kg	Mehl
300	g	Fett
2	kg	geputzter Weisskohl
8		Eier
		Salz, gemahlener Pfeffer, Puderzucker

Aus 1 kg Mehl, 8 Eiern und einer Prise Salz einen Teig kneten, auf einem bemehlten Brett dünn ausrollen, in grössere Fleckerln schneiden und in kochendem Salzwasser auskochen.
Mit kaltem Wasser abkühlen, abgiessen und bis zum Verbrauch warm halten. Den Kohl auf einem Reibeisen zerkleinern, salzen und etwa eine Stunde lang ruhen lassen. In einem Topf Fett erhitzen, darin wenig Zucker bräunen. Den ausgedrückten Kohl in den Topf geben und unter ständigem Umrühren gar dünsten. Mit etwas gemahlenem Pfeffer abschmecken. Die ausgekochten Fleckerln dazugeben, erhitzen und in einer vorgewärmten Schüssel heiss servieren.

KRAUTFLECKERLN

1	kg	Mehl
600	g	Quark
200	g	geräucherter Speck
100	g	Fett
8		Eier
0,6	l	saure Sahne
		Salz

Aus dem Mehl, den 8 Eiern und einer Prise Salz einen Teig kneten. Auf einem bemehlten Brett dünn ausrollen und solange warten, bis der Teig getrocknet ist. Dann den Teig in grössere Stücke schneiden und in kochendem Salzwasser auskochen. Mit kaltem Wasser abkühlen, abgiessen, mit zerlassenem Fett begiessen und bis zum Verbrauch über Wasserdampf warm halten.
Den geräucherten Speck in kleine Würfel schneiden und in der Pfanne ausbraten. Den Quark durch ein Sieb streichen, bis zum Servieren beiseite stellen.

Serviervorschlag:
Den ausgekochten Teig in eine vorgewärmte Schüssel geben, den durchgestrichen Quark darauf legen, mit saurer Sahne übergiessen und mit den ausgebratenen Speckgrieben bestreuen. Heiss servieren.

QUARKFLECKERLN

600	g	Mehl
100	g	Butter
300	g	Fett
150	g	Vanillenzucker
500	g	Aprikosenmarmelade
10	g	Hefe
6		Eigelb
1		Zitrone
0,1	l	Milch
0,2	l	saure Sahne
0,1	l	Rum
		Salz

Die Hefe in wenig lauwarmer Milch auflösen, das Mehl auf das Nudelbrett geben, ein kleines Nest machen, mit Vanillenzucker bestreuen, das Eigelb, wenig saure Sahne, wenig Salz, die in der Milch aufgelöste Hefe, den Rum und ein bisschen geriebene Zitronenschale dazugeben, zuletzt Butter darauf zerbröckeln. Dann schnell zusammenkneten und kleine Semmeln formen. Auf dem bemehlten Brett mit einem sauberen Tuch zugedeckt eine halbe Stunde lang ruhen lassen. In einem Topf viel Fett erhitzen und den Teig ausrollen. Maultaschen ausschneiden und sie im Fett von beiden Seiten schön rot backen. Mit Vanillenzucker bestreuen, so servieren. Mit Rum abgeschmeckte Aprikosenmarmelade dazugeben.

SCHNIPFELKRAPFEN

1,2	kg	Mehl
600	g	Pflaumenmarmelade
200	g	Fett
300	g	Semmelbrösel
300	g	Puderzucker
8		Eier
		Vanillenzucker, Zimt, Salz

Aus Mehl, Eiern und einer Prise Salz einen mittelfesten Teig kneten. Auf dem bemehlten Brett millimeterdünn ausrollen, in der Mitte einfalten. Auf die eine Hälfte des Teiges in Abständen von 3 cm Marmeladenklösse geben, die Teile zwischen den Marmeladenklössen mit Eigelb bestreichen und die andere Hälfte des Teiges darüberschlagen. Ausstechen und in kochendem Salzwasser auskochen. Abgiessen und abtropfen lassen und in (in Fett) goldgelb begräunten Semmelbröseln wälzen. Mit Vanille und Zimt gewürztem Puderzucker bestreuen und auf einem vorgewärmten Teller servieren.

MAULTASCHEN MIT PFLAUMEN-MARMELADE

600	g	gekochte Kartoffeln
300	g	Mehl
400	g	reife Pflaumen
200	g	Semmelbrösel
200	g	Fett
150	g	Würfelzucker
50	g	Vanillenzucker
3		Eier
		Salz, gemahlener Zimt

Die gekochten Kartoffeln warm stampfen und mit dem Mehl, den Eiern und ein wenig Salz zusammenkneten. Auf dem bemehlten Brett bleistiftdick ausrollen und in viereckige Stücke schneiden. Auf jedes Stück eine ausgekernte Pflaume geben, darauf einen Würfelzucker und wenig gemahlenen Zimt. Dann zu Klössen formen und in kochendem Salzwasser auskochen, abgiessen und abtröpfeln lassen. In Fett den Semmelbrösel goldgelb bräunen und die ausgekochten Klösse darin wälzen. Mit Vanillenzucker bestreuen und warm servieren.

PFLAUMENKLÖSSE

1	kg	gekochte Kartoffeln
500	g	Mehl
600	g	Quark
250	g	Puderzucker
200	g	Fett
200	g	Semmelbrösel
100	g	Rosinen
6		Eier
1		Zitrone
		Salz, Vanillenzucker

Die gekochten warmen Kartoffeln stampfen, mit 3 Eiern, Mehl und ein wenig Salz zusammenkneten und beiseite stellen. Inzwischen die Quarkfüllung zubereiten. 'Den Quark durch ein Sieb streichen, 3 Eier, Puderzucker, geriebene Zitronenschale und Rosinen dazugeben und alles gut miteinander verrühren. Den Teig auf dem bemehlten Brett fingerdick ausrollen und in Dreiekke aufteilen. Die Quarkfüllung darauf gleichmässig verteilen, die Ränder jeweils mit Eiweiss bestreichen, dann aufeinanderschlagen. In kochendem Salzwasser auskochen, abgiessen und abtröpfeln lassen und in (in Fett) goldgelb gebräunten Semmelbröseln wälzen. Mit Vanillenzucker bestreuen und warm servieren.

SIEBENBÜRGISCHE MAULTASCHEN MIT QUARK

20 g	Gelatine
1	Flasche (1 l) Aprikosenkompottsaft
100 g	Kristallzucker
0,2 l	Wasser
	Aprikosenschnaps

Aus den Zutaten Gelee bereiten, fast bis zum Erstarren abkühlen, mit Aprikosenschnaps abschmecken und dann das Gelee in die Puddingschalen füllen.

Krem:

0,6 l	Milch
4	Eigelb
100 g	Kristallzucker
70 g	Mehl
10 g	Gelatine
1 kg	Schlagsahne (geschlagen)

Aus den Zutaten bis auf die Schlagsahne Krem kochen, abkühlen, mit Aprikosenschnaps abschmecken und mit der aufgeschlagenen Schlagsahne lockern. In die Puddingschalen auf das Gelee je eine halbe eingemachte Aprikose, je 1—2 weisse Mandeln geben und mit der fertigen Krem auffüllen. Den Pudding im Kühlschrank dick werden lassen. Aus dem Kühlschrank nehmen, die Puddingschalen in heisses Wasser stellen, damit das Gelee etwas flüssig wird und den Pudding auf kleine Teller stürzen. Mit gezuckerter Schlagsahne und mit Aprikosenschnaps verdünnter Aprikosenmarmelade servieren.

KECSKEMÉTER APRIKOSENPUDDING

Teig (helle Biskuitmasse):

10		Eier
200	g	Kristallzucker
250	g	Mehl
		Vanillenzucker, Zitrone
		(Schokoladenbiskuit):
5		Eier
100	g	Kristallzucker
100	g	Mehl
25	g	Kakaopulver

Zweierlei Teig bereiten, auf ein mit Papier ausgelegtes Backblech streichen und backen.

Füllung:

1	l	Milch
150	g	Mehl
150	g	Kristallzucker
20	g	Gelatine
8		Eigelb
8		Eiweiss
200	g	Kristallzucker

Aus der Milch, dem Mehl, dem Eigelb, dem Zucker und der Gelatine eine gelbe Krem kochen. Das Eiweiss mit dem Kristallzucker steif schlagen und unter die gekochte gelbe Krem rühren. Die fertige Krem nach Geschmack mit Rosinen, gehackten Früchten und gebrannten Nüssen anreichern.

Zuckerlösung:

500	g	Kristallzucker
0,7	l	Wasser
0,2	l	Rum
		Die geriebene Schale von 2 Zitronen

Den Zucker mit dem Wasser und der geriebenen Zitronenschale aufkochen, abkühlen und mit Rum abschmecken. Den einen Biskuitboden in eine tiefe Schüssel geben, mit der Zuckerlösung gut begiessen, dann mit dem Drittel der Krem bestreichen. Den Schokoladenbiskuitboden darauf legen, ebenfalls begiessen, dann mit dem zweiten Drittel der Krem bestreichen. Dann wieder einen Biskuitboden darauf legen, übergiessen und mit der übriggebliebenen Krem die Oberfläche bestreichen. Mit dem Kakaopulver leicht bestreuen. Im Kühlschrank dick werden lassen.
Vor dem Servieren mit einem Esslöffel kleine Haufen auf Teller oder Schälchen geben, dann mit gezuckerter Schlagsahne und Schokoladenguss garnieren.

Schokoladenguss:

200	g	Schokolade (bitter)
300	g	Wasser
50	g	Rum

Die Schokolade mit dem Wasser aufkochen, kühlen, dann mit Rum abschmecken.

SOMLÓER NOCKERLN

Füllung:

350	g	Butter
300	g	durchgestrichener Puderzucker
70	g	Kakaopulver
3		Eigelb

Teig:

120	g	Kristallzucker
150	g	Mehl
6		Eier

Die aus den 6 Eiern, Kristallzucker und Mehl bereitete Biskuitmasse auf einem mit Butter eingefetteten Backblech oder einer Springform in dünne runde Scheiben streichen und backen. (6 Scheiben)
Den Puderzucker mit dem Eigelb glatt verrühren, dann mit dem Kakaopulver und der Butter schaumig rühren.
Von den gebackenen Scheiben fünf mit der fertigen Butterkrem gleichmässig füllen, die Oberfläche und Seiten mit der Butterkrem bestreichen, dann im Kühlschrank gefrieren lassen.
Die übriggebliebene Scheibe mit aus 100—200 g Würfelzucker zubereitetem geschmolzenem Zucker beziehen und mit einem gefetteten Messer der gewünschten Tortenstückzahl entsprechend spalten. Wenn die Scheibe kühl ist, auf die gefüllte Torte legen. Beim Servieren die Torte mit einem in heisses Wasser getunkten Messer aufschneiden.

DOBOSTORTE

Füllung:

100	g	Puderzucker
80	g	Kakaopulver
10	g	gelöste Gelatine
0,6	l	Schlagsahne (flüssig)

Die Sahne steif schlagen, den Puderzucker und Kakaopulver verrühren, unter die Schlagsahne rühren, die gelöste Gelatine dazugeben und gut verrühren. Die fertige Krem auf die eine Hälfte des Teigs streichen, wenn sie steif ist, die viereckigen Schokoladendeckblätter darauf legen. Beim Servieren mit einem in warmes Wasser getunkten Messer aufschneiden.

Teig:

160	g	Kristallzucker
160	g	Mehl
40	g	Kakaopulver
8		Eier

Aus den 8 Eiern, dem Kristallzucker, dem Mehl und dem Kakaopulver eine Schokoladenbiskuitmasse rühren, in einem mit Butter ausgefetteten, bemehlten Backblech backen. Nach dem Abkühlen den Boden waagerecht halbieren. Das obere Blatt mit geschmolzener Schokolade beziehen und nach dem Erstarren in 4×4 cm grosse Quadrate aufteilen.

KREMKUCHEN „RIGÓJANCSI“

INHALTSVERZEICHNIS

Die Ausgabe erschien beim Terra Verlag, Budapest
Verantwortlicher Herausgeber: György Hazai

Unter Mitwirkung der Wirtschaftsgemeinschaft für
Verlegerorganisation "TÁLTOS"
Künstlerische Leitung: LÁSZLÓ MAROSI

ISBN 963 205 194 7

87-470-Druckerei Révai, Budapest — Verantwortlich: Márta Horváth dr.